검사열전

검사열전

권력을 지킨 칼, 국민을 겨눈 칼날

국가폭력의 설계자들

배기성 지음

비아북
ViaBook Publisher

대한민국 헌법[시행 1988. 2. 25.] 제12조

① 모든 국민은 신체의 자유를 가진다. 누구든지 법률에 의하지 아니하고는 체포·구속·압수·수색 또는 심문을 받지 아니하며,[1] 법률과 적법한 절차에 의하지 아니하고는 처벌·보안처분 또는 강제노역을 받지 아니한다.

② 모든 국민은 고문을 받지 아니하며,[2] 형사상 자기에게 불리한 진술을 강요당하지 아니한다.

③ 체포·구속·압수 또는 수색을 할 때에는 적법한 절차에 따라 검사의 신청[3]에 의하여 법관이 발부한 영장을 제시하여야 한다. 다만, 현행범인인 경우와 장기 3년 이상의 형에 해당하는 죄를 범하고 도피 또는 증거인멸의 염려가 있을 때에는 사후에 영장을 청구할 수 있다.

---

1) 법률에 의하지 않은 압수, 수색을 얼마나 많이 했으면 이 조항이 들어갔겠는가.
2) 고문을 당하지 않는다는 말이 헌법 조항에 반영되었다.
3) 이 조항을 들어 검사의 수사권이 헌법상 보장된 권리라는 등의 주장이 검찰 측으로부터 있어왔다. 그러나 『법률저널』 2023년 3월 24일 자 기사 「헌법재판소 "수사·소추권, 검사 고유 권한 아냐"」에 따르면, 이러한 주장은 헌법재판소 판결에서 부정되었다.

④ 누구든지 체포 또는 구속을 당한 때에는 즉시 변호인의 조력을 받을 권리[4]를 가진다. 다만, 형사피고인이 스스로 변호인을 구할 수 없을 때에는 법률이 정하는 바에 의하여 국가가 변호인을 붙인다.

⑤ 누구든지 체포 또는 구속의 이유와 변호인의 조력을 받을 권리가 있음을 고지받지 아니하고는 체포 또는 구속을 당하지 아니한다. 체포 또는 구속을 당한 자의 가족 등 법률이 정하는 자에게는 그 이유와 일시·장소가 지체 없이 통지되어야 한다.

⑥ 누구든지 체포 또는 구속을 당한 때에는 적부의 심사[5]를 법원에 청구할 권리를 가진다.

⑦ 피고인의 자백이 고문·폭행·협박·구속의 부당한 장기화 또는 기망 기타의 방법에 의하여 자의로 진술된 것이 아니라고 인정될 때[6] 또는 정식재판에 있어서 피고인의 자백이 그에게 불리한 유일한 증거일 때에는 이를 유죄의 증거로 삼거나 이를 이유로 처벌할 수 없다.

---

4) 1958년 소위 2·4 파동 당시 부정당했던 변호인 설정 권리. 1987년 제6공화국 헌법에서 부활했다.

5) 체포 시에는 체포영장 심사, 구속 시에는 구속영장 심사를 하는 법원심리제도가 1987년 이전에는 대단히 낯설었다.

6) 형법뿐만 아니라 헌법에 이러한 조항이 있다는 것이 대단히 특이하다.

(머리말)

용공 조작 사건으로 들여다보는 대한민국 근현대사

참으로 긴 시간이 필요한 것인가. 검찰을 개혁하지 않으면 한국의 정치·경제·사회·노동 분야의 모든 개혁 조치가 불발할 수밖에 없다. 검찰의 총수가 2,000여 명이다. 이 2,000여 명 때문에 모든 분야의 개혁이 이루어지지 않고 있다. 검찰의 기능은 재판에 범죄를 기소하는 데 있다. 경찰이 수사하고 검찰이 기소하고 판사가 형량을 법적으로 판단하고 변호사는 피의자 편에 서서 위의 세 과정을 면밀히 살펴 대응하는 것이 상식적인 과정이다. 경찰, 검찰, 법원, 변호사 각각의 소임이 분명하다고 생각하기 쉽지만, 실제로는 전혀 그렇지 않다. 우리나라 법률 현실에서는 검찰이 사실상 이 모든 과정을 장악하고 있다.

우선, 검찰은 수사를 개시하는 권한을 가지고 있다.[1] 경찰권을 활용하

---

1) 문재인 정부 들어서 검찰의 수사권을 제한하는 검찰수사 기소 정상화 법안이 국회를 통과했지만, 후임 윤석열 정부에서 개정 법 조항의 맹점과 국회 선진화법상의 의석수 부족을 파고들어서 시행령 위주의 통치를 했다.

는 그 권한에 수사 개시권, 수사 중단권, 수사 재기권(再起權)까지 포함된다. 수사를 마치고 재판에 넘기는 권한, 즉 기소권도 오직 검찰에게 있다. 기소권에는 기소를 중단할 권리, 해묵은 기소도 다시 재기할 권리까지 포함된다. 검찰은 국가권력을 200퍼센트 활용하여 압수, 수색부터 모든 대형 수사까지 관여하고 있다. 모든 권력이 검찰에게 집중되어 있는 것이다. 판사의 영장 관련 허가가 있어야 하지 않느냐고 물어볼 수 있다. 압수수색영장, 체포영장, 구속영장 발부는 어디까지나 판사의 권한이다. 그런데 이 권한이 검사의 수사 개시권에 기속되기에 판사는 피의자를 항상 심리상의 절벽으로 몰아세우는 역할을 담당할 뿐이다. 검찰수사가 진행될 때 벌어지는 야만적 수사 행태가 피의자를 어떻게 심리적으로 망가뜨리는지 우리는 자주 볼 수 있다.

검찰이 수사를 시작하면 법조계 출입기자들에게는 특종감이 계속 주어진다. 검찰은 어떤 특정 사항의 수사 및 기소 진행 상황을 법조계 출입기자들에게 계속 흘리기만 하면 된다. 그러면 각종 언론에 열 배 정도 뻥튀기되어 기사로 보도된다. 기자들은 '~일 것이다', '~로 추정된다' 등 허위 사실인지 아닌지 도무지 알 수 없는 표현으로 보도자료를 끝맺는다. 경찰도 마찬가지다. 검사의 수사 지휘를 받아 움직이기 때문에, 검찰이 기소할 만한 사건만을 선별해 보고서를 올린다든지, 없는 증거를 강제적으로 만든다든지 하는 방법으로 수많은 범죄자를 양산해낸다.

여기에 추가되는 것이 강압적인 고문이다. 검찰수사관, 경찰수사관, 중

안정보부(국가안전기획부, 국가정보원), 과거의 특무대 등이 그 고문 행사의 주범이었다. 경찰의 고문을 통한 강압수사에 검찰의 무리한 기소. 이는 이제부터 상술할 모든 케이스의 공식이다. 고문을 통한 증거는 애초에 불법이다. 그렇기 때문에 고문의 증거는 철저하게 은폐되어왔다. 여기서 '되어왔다'라는 표현을 쓴 것에 주목해야 한다.

고문, 공안 조작의 역사는 1762년 사도세자의 뒤주 살해 사건, 즉 임오화변을 둘러싼 사건에서 시작되었다.[2] 그로부터 무려 250년 가까운 세월 동안 기득권자들은 자신의 기득권 보호를 위해 소론, 천주교, 동학, 독립군을 탄압했고, 마침내 빨갱이로 몰아가기에 이르렀다. 노론과 세도 가문, 그리고 친일파로서 현실에 안주해 있는 빨갱이를 적발해 죽인 것이 아니라, 없는 빨갱이를 만들어 이른바 '용공(容共) 조작 사건'을 일으켰다. 그 도구는 바로 '법'이었다. 모든 수사권과 기소권을 독점하고 범죄인의 모든 케이스를 관리하던 검찰은 최후의 공안 보루일 수 있었지만, 역설적으로 정적(政敵)이나 힘없는 시민, 즉 개인을 사법 행정과 언론을 통해 한없이 찍어 눌러온 슬픈 역사의 주체이기도 했다.

그나마 후술할 사건들은 모두 용공 조작 사건임이 드러난 케이스이지만 얼마나 많은 사건이 부지불식간 암흑 속에 묻혔는지는 알 길이 없다. 사건을 담당한 부서가 검찰이든 중정이든 경찰이든, 용공 조작 사건 중

---

2) 좀 더 정확히는 1755년 나주 괘서 사건에서 시작해야 한다. 나주 괘서 사건 이후 영조가 경종을 죽였다는 사실을 퍼트리는 자가 늘어나자, 영조는 소론 당파와 남인 당파 500여 명을 거열형으로 죽였다. 이들 중 누가 실제로 죄가 있어서 죽임을 당했는가?

아직 드러나지 않은 사건이 얼마나 많은지는 상상조차 하기 어렵다. 마음 같아서는 그 250년간의 모든 용공 조작 사건을 다루고 싶으나, 이 책에서는 일단 1945년 이후부터 지금까지의 대표적 사건부터 다룬다.

1954년 10월에 일어난 '뉴델리 밀회 조작 사건'으로 이야기를 시작하려 한다. 인도의 뉴델리, 그곳에서 무슨 일이 벌어졌기에 이 책의 맨 첫머리에 적힌단 말인가? 이 사건을 머리말에서 다루고자 하는 이유는, 제2대 국회의장[3]이자 제4대 대통령 후보였던 해공 신익희를 표적으로 삼은 용공 조작 사건이었기 때문이다.

해공 신익희는 1953년 이승만 대통령의 축하 특사 자격으로 런던에서 열린 엘리자베스 2세 영국 여왕의 대관식에 다녀왔다. 6·25 전쟁은 그해 7월 휴전으로 일단락되었다. 휴전은 어디까지나 미국과 중국, 그리고 소련의 의지에 따른 것이었기에, 대한민국의 당시 지도자 이승만 휘하 모든 국민은 무력 북진통일의 미련을 지우지 못하고 있었다. 당연한 일이었다. 너무나 큰 인명과 물자의 희생이 뒤따랐고, 무엇보다 북측의 김일성 정권을 도저히 용서할 수 없었다. 이런 상황에, 민주국민당의 선전부장 함상훈은 해공 신익희 선생이 비행기의 중간 기착지인 인도 뉴델리에서 북한의 조소앙을 만났다고 주장했다. 경기도 파주 출신으로 6·25 전쟁 도중 북한 정권의 이른바 '모시기' 작전의 희생양이 되었던 그 제헌국회의원 조소앙이다.

---

3) 초대 국회의장은 이승만이었다.

함상훈은 조소앙과 신익희가 비밀 회동에서 영세중립국화, 소위 평화통일안을 논의했다고 주장했다. 북의 김일성과 남의 이승만을 제외하고는 영원토록 중립국안을 지지했다는 말이다. 이 논란이 조소앙과 신익희, 뼛속까지 독립운동가였던 두 사람을 어떻게 궁지로 몰아넣었을지 상상해보라. 이와 관련해서는 이승만 휘하 특무대 대장 김창룡이 조작했다는 설이 가장 유력하다. 이승만의 목표는 오직 하나였다.

폭로자 함상훈의 고변 외에는 아무런 증거가 없었을 뿐 아니라 신익희의 반박으로 함상훈의 주장이 논파되면서 사건은 흐지부지 마무리되었으나 영향은 컸다. 자유당은 이 사건을 기회로 독립운동가 세력에 대한 국민의 반감을 조성했다. 이 사건은 전쟁 직후 실의에 빠져 있던 대한민국 모든 국민에게 헤어 나올 수 없는 분노와 함께 엄청난 반공의식을 심어주었다. '독립운동가=빨갱이'라는 등식, 평화통일론자들을 모조리 빨갱이라고 부르는 이상한 논리가 이때부터 형성되기 시작했다. 이는 곧 일제강점기 일본이 독립운동의 흔적을 모두 지우려 했던 행위의 정점과 다름없었다. 이 왜곡된 논리는 국가 안전에 관한 헌법 조항에 '모든 사항은 국민투표에 의거한다'는 내용을 추가하는 발췌개헌안 통과에도 이용되었다. 첫 용공조작 사건은 이렇게 이상하게 진행되었다.

이 책의 1부 '야만의 시대'는 목적 없는 조작과 억압으로 점철되었던 이승만과 박정희 정권의 국가폭력 시대를 다룬다. 2부 '제물의 시대'에서는 독재 체제를 굳건히 다지기 위해 수많은 생명을 희생한 전두환 정권과 공안검사들의 만행을, 3부 '공포의 시대'에서는 노태우 정권에서부터 오늘날에 이르기까지 검찰이 나서서 주도한 조작 사건들을 살펴본다. 사건을 시대별로 정렬하여 검찰이 어떻게 권력의 도구에서 권력의 주체로 변화해왔는지 조망할 수 있도록 했다.

조작의 뒤에는 반드시 기득권 세력의 정치적 목표가 있었다. 그 과정에 수많은 인명의 희생이 뒤따랐다. 여수·순천 10·19 사건과 제주 4·3 사건 그리고 전쟁 중에 터진 보도연맹 사건 등 모든 사건의 핵심은 백범 김구 선생과 몽양 여운형 선생의 흔적을 지우는 것이었고, 그때마다 늘 학살이 뒤따랐다. 대규모 학살엔 워낙 큰 국가 공권력이 작용했으니 이 책에서는 빼도록 한다.[4]

---

[4] 5·18 민주화운동, 4·19 혁명, 제주 4·3 사건, 여수·순천 10·19 사건 등은 모두 성격상 대규모 용공 조작 사건이지만, 본 책에서는 다루지 않는다. 개인 사건만 한정해 다룬다.

머리말 — 6

1부 야만의 시대

01 반민특위 해체와 국회 프락치 사건 — 17
02 조봉암 사법살인 사건 — 27
03 『민족일보』 조용수 사건 — 36
04 인혁당 사건 — 42
05 동백림 사건 — 48
06 통일혁명당 사건 — 55
07 유럽 간첩단 사건 — 59
08 「오적」 필화 사건 — 65
09 인혁당 재건위 사건 — 72
10 재일동포 간첩단 사건 — 79
11 남민전 사건 — 86

2부 제물의 시대

12 제주 간첩 조작 사건 — 97
13 김대중 내란 음모 사건 — 102

14 제1, 2차 진도 간첩단 사건 — 110

15 학림 사건 — 120

16 부림 사건 — 125

17 구미 유학생 간첩단 사건 — 130

18 민교투 사건 — 136

19 부천경찰서 성고문 사건 — 142

20 홍콩 수지 김 간첩 조작 사건 — 149

3부 공포의 시대

21 문익환 목사 방북 사건 — 159

22 임수경 방북 사건 — 164

23 보안사 민간인 사찰 폭로 사건 — 169

24 강기훈 유서 대필 사건 — 175

25 초원복국 사건 — 186

26 전두환·노태우 전 대통령 구속 사건 — 191

27 조폐공사 파업 유도 사건과 옷 로비 사건 — 196

28 서울특별시 공무원 간첩 조작 사건 — 203

맺음말 — 210

부록 **01** 정판사 위조지폐 사건 — 220

　　　02 몽양 여운형 암살 사건 — 226

1부
야만의 시대

반민특위 해체와 국회 프락치 사건

사건명	국회 프락치 사건
사건개요	1949년 5월부터 8월까지 "남조선노동당의 프락치 활동을 했다"라는 혐의로 이승만 정부에 비판적인 소장파 국회의원 13여 명이 체포된 사건. 공판 과정에서 피고인들은 고문으로 인해 거짓 자백을 했고 증거에도 신빙성이 없다고 주장했지만 받아들여지지 않았다. 1950년 3월 14일 13명 모두 유죄를 선고받았다. 이 사건으로 국회의 대정부 견제 기능이 약화되었고 반민족행위자를 처벌하려는 흐름도 중단되었으며, 국가보안법이 헌법을 능가하는 체제가 형성되었다.
책임자	이승만(대통령), 장경근(내무부 차관), 이인(법무부 장관), 제임스 하우스먼(군사고문), 오제도(공안검사), 선우종원(공안검사), 김창룡(특무대장)

1948년 5월 10일, 한반도 내 대한민국만의 단독정부 수립을 위한 국회의원 선거가 처음으로 치러졌다. 통일 정부 수립을 원해서 선거를 거부한 제주도의 세 개 선거구 중 두 개 구역에서는 끝내 총선이 치러지지 못했지만, 그래도 나머지 198개 선거구에서 선거가 진행되었다. 1년 전 몽양 여운형 선생이 흉탄에 돌아가셨기에 그의 세력은 무소속으로 대거 출마했다. 그리고 한 달 전까지 남북 연석회의에 참석해 통일 정권을 세우려고 노력했던 백범 김구 선생 역시 총선에 정당 세력으로 참여하기를 거부해 그의 세력도 대거 무소속으로 출마했다. 마지막으로, 이승만의 독립촉성국민회의 세력은 이번 총선에서만큼은 대대적으로 의석을 잡겠다 해서 친일 지주 세력인 한국민주당과 정책 연합을 구성해 출마했다.

그렇게 해서 뚜껑을 열어보니, 투표율이 무려 95.5퍼센트에 달한 가운데 독립촉성국민회의와 한국민주당 연합 세력이 84석을 차지했으나, 무소속 연대, 즉 여운형 세력과 김구 세력이 85석을 차지해 제1당이 되었다. 당시의 민심은 아무리 이승만 쪽으로 조작하려고 해도 이승만이 아니었던 것이다.

한 석 차이였지만, 이 차이는 정말 큰 것이었다. 이 차이로 인해 일제강점기 35년의 과거를 형벌적으로 청산하기 위한 특별재판부와 특별검찰부 그리고 특별경찰대를 조직하자는 법률 조항이 제헌헌법에 부칙 제101조(전체 조항 중 제103조)로 포함될 수 있었다.

단순 정당 지지율로 보더라도, 이승만의 대한독립촉성국민회는 24.43

퍼센트, 그리고 친일 지주 세력인 한국민주당은 12.17퍼센트에 머문 반면, 무소속 연대는 무려 45.61퍼센트의 지지를 받았다.

> **대한민국 제헌헌법 부칙 제101조** 이 헌법을 제정한 국회는 단기 4278년 8월 15일 이전의 악질적인 반민족행위를 처벌하는 특별법을 제정할 수 있다.

1945년 8월 15일 이전(당일도 포함)의 모든 민족반역행위에 대해 동일한 기준을 가지고 처벌하기로 한 위 조항에 따라 반민족행위특별조사위원회(반민특위)가 출범했다. 그리하여 친일 매판자본가 박흥식, 친일 밀정이자 언론인 이종형, 대표적인 신념형 친일파 박중양, 친일 경찰 최운하와 노덕술, 김명기, 친일 문학인 이광수와 최남선, 그리고 친일 스님이자 불교 사업가 최린 등이 모조리 반민특위 경찰대에 의해 체포되었다.

이렇게 되자 대통령 이승만은 그때마다 성명서를 발표하며 반민특위에 모두 풀어줄 것을 지시했다. 친일파 이종형을 풀어주라, 친일파 박흥식을 풀어주라, 친일파 노덕술을 풀어주라, 친일파 이광수를 풀어주라… 명령이 끝없이 이어졌다.

이를 보다 못한 반민특위 특별재판부장 김병로 판사는 이승만을 찾아가 이게 도대체 무슨 행동이냐고 따졌다. 김병로 판사는 당시 대법원장도 겸하고 있었다. 이 모습을 본 대통령 이승만의 법률비서관 겸 **검찰기획관**

반민특위 조직도

장경근과 영부인 프란체스카 여사의 통역비서였던 서울시장 이기붕의 처 박마리아는 불안감을 느꼈다. 그래서 미군정청 하지 장군의 통역비서였던 이묘묵과 함께 용공 조작 사건을 하나 일으키기로 계획을 세웠다. 그들 소인배 무리에게는 이 난국을 타개하기 위해 친일을 심판하는 민족정기 같은 것은 전혀 고려 대상이 아니었다. **결국 반민특위를 폭력적으로 분쇄할 계획이 세워졌는데, 그 전에 꼭 성공시켜야 할 용공 조작 사건이 있었다.**

이승만 대통령의 법률비서관 장경근.
반민족행위처벌법이 제정되며 친일
이력으로 여론이 나빠지자 사임했으나,
1949년 내무부 차관으로 발탁됐다.
사진은 1949년의 모습

영부인 프란체스카 여사의 통역비서이자
이기붕 당시 서울시장의 처, 박마리아.
사진은 1956년의 모습

    1949년 5월부터 이승만 정부에 비판적인 소장파 국회의원 10여 명이 검거되었다. 이들은 국제연합 한국위원단에 외국군 철퇴와 군사고문단 설치 반대 진언서를 제출한 행위가 남조선노동당 국회 프락치부의 지시에 따른 것이라는 혐의를 받았다. 말도 안 되는 주장이었다. 이는 곧 있을 반민특위 폭력 분쇄를 위한 사전 명분 쌓기였다. 이게 바로 북한을 악용한 용공 조작 사건, 소위 '국회 프락치 사건'이다. 앞서 설명했던 대로 무려 42.5퍼센트나 차지하고 있던 국회 내 여운형계와 김구계 중에서도 가장 비판적인 의원 10여 명이 공산당 분자로 몰려 우선 처단 대상이 되었다.

처음 체포 대상은 10여 명이었으나, 검거 과정에서 13명으로 늘어났다. 잡고 보니 13명이 적당할 것 같아서 13명이 되었다고 했다. 참 슬픈 일이다. 처음부터 조작 사건이었으니, 뭐 하나 딱딱 맞아 들어가는 것이 없었다. 이승만 정권은 1948년에 일어난 전국적인 두 사건, 제주 4·3 사건과 여수·순천 사건으로 크게 흔들리고 있었다. 제임스 하우스먼[1]을 위시한 미군과 노덕술을 위시한 친일 경찰력에 크게 의존할 수밖에 없었는데, 소장파 국회의원들은 이 두 세력에 관해 하나는 철수하라고 요구하고, 하나는 반민특위를 통해 처벌하라고 주장했다. 결과적으로 이들 국회의원을 처단할 수밖에 없었다.

1949년 5월, 현역 이문원, 최태규, 이구수 등 3명이 국가보안법 위반 혐의로 체포되었다. 이어 6월에는 황윤호, 김옥주, 강

이문원 등 국회의원 구속 사건에 대해 여러 의견을 보도한 기사. 「약간씩 차이 있는 견해」, 『경향신문』, 1949년 5월 23일

---

1) 1918년 미국 뉴저지주에서 태어났다. 미국중앙정보국(CIA) 소속으로 1946년 우리나라에 처음 들어왔을 때 미군 대위 계급을 달고 있었다. 1981년 초 미국으로 돌아갈 때까지 미국 국방부 군사고문단 자격으로 머물며 한국의 모든 정치 분위기를 반공·극우로 이끌었던 최악의 정권 비선 실세였다. 이승만·박정희·전두환 정권을 사실상 이끌다시피 했으며, 1946년 '정판사 위조지폐 사건'을 시작으로 각종 학살·반공·극우 사건들을 주도했다. 특히, 1980년 광주민주화항쟁 때 민간인 학살을 주도한 것으로 악명이 높다. 대한민국 초기와 중기의 반공 국가 형성에 지대한 악영향을 끼친 문제적 인물이었다.

욱중, 김병회, 박윤원, 노일환, 김약수 등 7명이, 8월에는 서용길, 신성균, 배중혁 등 3명이 추가로 구속되었다.

6월까지 검거된 이들은 경찰서가 아니라 헌병사령부에 구금되어 변호사 접견이 금지된 상태로 조사를 받았다. 7월 11일, 의견서와 함께 헌병사령부에서 서울지방검찰청으로 송치되어 사상검사, 즉 공안검사로 유명한 오제도 검사의 취조를 받았다. 이 완벽한 조작 사건이 진행되는 와중인 6월 6일에는 반민특위가 이승만 행정부의 경찰대로부터 폭력적 분쇄를 당해 아예 무장을 해제당하는 사건이 벌어졌다. 김상덕 위원장 이하 반민특위 구성원은 오제도 검사의 고문 방식으로 취조를 당하기도 했다.

1951년 서울지검 부장검사 시절의 오제도. 선우종원과 함께 1950년대 반공검사로 이름을 떨친 인물

1949년 11월 서울중앙지방법원 공판정에서 피고로 기소된 국회의원 13명은 모두 남로당과의 연계를 부인했으며, 취조 과정에서 '자백'한 내용은 모두 고문에 의한 허위 진술이었다고 주장했다. 그러나 재판부는 이 주장을 전혀 받아들이지 않았고, 검찰이 '증 제1호'로 제출한 남로당 국회 프락치부의 '국회 내 투쟁 보고서(3월분 국회 공작 보고)'라는 실체를 알 수 없는 암호 문서를 아무런 검증 작업 없이 증거로 인정했다.

1950년 3월 14일에 언도 공판이 열렸다.

재판부는 검찰 측 주장을 전면적으로 받아들여 이들의 행위에 대해 "결국 우리 동족 간에 비참한 살육전을 전개시키고 약육강식의 무자비한 투쟁을 초래하여 우리 대한민국을 중대한 위기에 봉착케 하고 국가의 변란을 야기해 마침내는 공산독재정권을 수립하려고 함에 그 의도가 있었다고 볼 것"이라며 이를 "도저히 용허할 수 없는 국가와 민족에 대한 반역이요, 단호히 배격하여야 할 이적행위"로 규정해 노일환, 이문원에게 징역 10년, 김약수, 박윤원에게 징역 8년, 김옥주, 강욱중, 김병회, 황윤호에게 징역 6년, 이구수, 서용길, 신성균, 배중혁에게 징역 3년, 최태규에게 징역 3년과 벌금 10만 원을 각각 선고했다.

너무나 억울한 사건이었다. 사건 선고가 내려지고 얼마 뒤인 1950년 5월 30일, 제2대 국회의원 선거가 치러졌다. 투표율은 91.9퍼센트에 달했다. 이승만 정권은 승리를 확신하며 자금과 인적 지원을 쏟아부었다. 1948년에 제주와 여수·순천에서 벌어진 국가적 민중항쟁 사태, 1949년에 일어난 김구 암살 사건의 배후가 이승만이라는 쑤군거림에도, 이승만은 '아이 돈 케어'의 태도를 일관했다. 또한 반민특위가 폭력적으로 와해된 상황에서 온갖 금권 선거가 자행되었다. 하지만 개표 결과, 무소속으로 출마한 반(反)이승만 후보들이 연합 세력처럼 움직여 전체 의석의 60퍼센트를 차지하면서 18.09퍼센트에 그친 이승만 대통령의 대한국민당과 독립촉성국민회를 압도해버렸다. 나머지는 친일 지주 세력인 민주국민당이

11.42퍼센트를 차지해 체면치레는 하게 되었다.

총 210석 가운데 126석을 여운형계와 김구계, 그리고 국회 프락치 사건의 소장파 가운데 반민특위 차장검사였던 노일환 의원 계열과 국회 프락치 사건의 대장 격이었던 김약수 의원 계열의 거대 연합 세력에게 내준 것이었다. 정작 이승만 계열은 38석밖에 얻지 못했다.

이때까지만 해도 친일 경찰, 미군, 공안검사 세력은 한국에 도저히 뿌리를 내릴 수 없는 상황이었다. 온 국민이 평등하게 한 표씩 행사하는 평등선거, 비밀투표가 보장되는 비밀선거가 이루어지는 선거제도하에서 이승만은 절대로 국민 전체의 사랑을 받을 수 없었다. 그래서 이승만이 결국 들고 나온 게 1956년과 1960년의 부정선거였다.

엎친 데 덮친 격으로, 5월 31일과 6월 1일 이틀간에 걸쳐 투표 결과가 나왔는데, 총선 결과에 따른 충격이 가시기도 전에 6·25 전쟁이 발발했다. 김일성이 쳐들어온 것이었다. 이때 국회 프락치 사건의 소장파 13명은 모조리 탈옥했다. 13명 전원이 1심 결과를 수용하지 않고 항고해서 항소심을 기다리는 중이었다. 그리고 서용길[2]을 제외한 많은 이가 월북하거나 전사했다. 아니, '폭사했다'가 맞겠다. 결과적으로 13명 모두가 용공 조작 사건의 희생자가 되었다.

---

2) 1912년 충남 아산군 탕정면에서 태어났다. 국회의원이 되었다가 반민특위 특별검찰관이 되었다. 국회 프락치 사건에 연루, 구속되었다가 6·25 전쟁이 터지자 인민군에 석방되었다. 국회 프락치 사건 피해자 13명 중 유일하게 월북하지 않고 대한민국에 남았다. 명예 회복을 위해 재심을 신청했으나, 1950년 2월에 새로 개정된 법원 규정에 의거, 결국 무효, 백지화되었다.

처음 반민특위가 출범할 때, 활동 기한이 1950년 9월까지였다. 그런데 1949년 6월 6일에 폭력적으로 분쇄되며, 그 기한이 1949년 8월 말까지로 대폭 단축되는 법안이 1949년 7월 국회에서 통과되었다. 13명의 소장파는 당연히 불참한 상태에서 나온 결과였다.

국회 프락치 사건은 1949년 6월 6일 반민특위 분쇄, 1949년 6월 26일 김구 선생 암살과 더불어, 이승만 정권의 6월 3대 대공세 중 하나로 평가받고 있다. 이 사건을 계기로 정부에 가장 비판적이었던 소장파 의원들이 국회에서 제거되었고, 정부에 대한 국회의 견제 기능이 현저히 약화되었으며, 해방 직후부터 친일 매국노 즉, 반민족행위자를 처벌하려고 했던 흐름 역시 거의 끊겼다. 또한 보안법이 헌법을 능가하는 체제가 본격적으로 자리 잡게 되었다.

용공 조작 공안검사 오제도는 현재 대전 현충원에 있다.

02 조봉암 사법살인 사건

사건명	진보당 사건
사건개요	1959년 7월 이승만 정권이 조봉암을 비롯한 진보당 간부들을 간첩죄 혐의로 체포하여 사형을 집행한 정치탄압 사건. 조봉암은 혐의를 부인하고 재심을 청구했으나 기각되어, 1959년 7월 31일 사형되었다. 2011년 1월 20일 대법원은 조봉암에 대한 재심에서 무죄를 선고했다. 이로써 조봉암 진보당 사건은 이승만 정부의 정권 연장을 위해 정치적으로 조작된 사건임이 밝혀졌다.
책임자	이승만(대통령)　　홍진기(법무부 장관)

천하의 악독한 친일파이자 중추원 참의였던 김신석의 사위이며, 이병철의 사돈, 삼성그룹 이건희 회장의 장인인 홍진기 전 중앙일보 사장이 이승만 대통령 시절 거의 마지막 법무부 장관[1]이었다는 사실은 아는 사람이 드물다. 1958년 2월 20일 취임해 1960년 3월 23일 내무부 장관으로 이동할 때까지 약 2년 2개월간 재임했다. 홍진기, 이 사람을 볼 때마다 소름이 끼치는 이유는 친일 판사로서 민족주의자 조봉암을 죽인 악행의 주범이기 때문이다. **조봉암 사건은 이승만의 명령 아래 정식으로 국가의 재판을 거쳐 사형이 집행된 사건이었지만 사실상 공공연한 사법살인이었다. 이 사건을 처음부터 진두지휘한 것이 바로 홍진기였다.** 더구나 홍진기는 4·19 혁명 때 내무부 장관으로서 경찰 발포의 책임자였으니, 그의 악행은 더 말할 것도 없다.

죽산 조봉암 선생은 1958년 1월 간첩죄와 보안법 위반 혐의로 체포되었다. 그다음 해 2월 27일 사형을 선고받았고, 그해 7월 31일 형이 집행되었다. 장구한 세월이 흐른 뒤, 2011년 1월 대법원은 그에게 무죄를 선고했다. 아무런 죄도 없이 저세상으로 간 셈이 되었다. 이렇게 억울하고 사무치는 일이 또 어디 있는가. 일제강점기에 공산주의 활동을 했기로서니, 1946년에 이미 『동아일보』를 통해 아주 온 국민이 다 알게끔 사상전향[2]을 선언

---

1) 법무부 장관은 1948년 8월 15일 이래 지금까지 검사들의 수장이다.
2) "현재 조선 민족은 공산당 되기를 원치 않는다. 따라서 조선공산당의 계획으로 된 인민공화국 인민위원회와 민주주의민족전선 등으로써 정권을 취하려는 정책은 단연 반대한다." - 「비공산 정부를 세우자」(『동아일보』, 1946년 6월 26일) 중에서

했는데 갑자기 무슨 빨갱이 혐의란 말인가. 더군다나 1948년 8월 15일 우리나라에 이승만 정권이 들어서면서부터 제1기 농림수산부 장관을 지낸 사람이 바로 조봉암이다. 지금이야 농업, 어업, 축산업이 한직으로 여겨지지만 1948년 당시에는 전 국민의 약 90퍼센트가 이들 제1차 산업에 종사하고 있었고, 제1공화국 시절 정권의 명운은 북한 농업과의 경쟁에 달려 있었다. 그래서 농림부 장관은 그 내각의 성격이 드러나는 가장 중요한 자리였다. 이 자리에 선발됨으로써 조봉암은 우리나라 최고의 브레인이자 사상가임을 스스로 증명했다.

초대 농림부 장관, 제2대 국회부의장 등을 지내며 관운(官運)의 승승장구를 달리던 조봉암은 1952년 제2대 대선 출마를 계기로 대통령 이승만의 미움을 샀다. 이승만은 발췌개헌[3]을 통해 대통령 선출 방식을 원래 국회에서 뽑던 간선제에서 직선제로 바꿨다. 조봉암은 무소속 대선 출마의 길을 택했다. 이승만의 계엄령 독재를 막아야 했다. 국회부의장 출신으로서 이승만이 국회를 무시하는 현실을 도저히 좌시할 수 없었다. 그러나 조봉암은 11.4퍼센트를 득표하는 데 그쳐 낙선했고, 74.6퍼센트의 득표율로 당선된 이승만을 그저 지켜봐야만 했다. 애초부터 자유당을 무소속으로 이긴다는 것 자체가 말이 안 되는 일이었다. 그래도 무소속 후보의 길을 열었다는 점에서 그 의의는 크다 하겠다.

---

[3] 부산정치파동은 1952년 5~7월, 이승만 대통령이 임시수도 부산에서 계엄령을 선포하고 의회와 야당 세력을 압박해 직선제로 헌법을 개정한 사건이다.

이승만 대통령은 무력 북진통일을 주장했다. 미국은 잽싸게 그에게서 전쟁 시, 평화 시의 작전통제권을 빼앗았다. 이승만이 늘 주장했던 한반도 유사시 미국의 자동 개입 조항을 무력화시키기 위한 조치였다. 이승만이 북진을 개시하면 미국이 자동으로 남북한 전쟁 상황에 개입하게 된다는 가정은 아이젠하워[4] 정부에게 악몽이었다. 미국으로서는 이승만 자유당 정권의 전평시작전권을 빼앗는 것이 최선의 조치였다. 유럽에서는 나토(NATO, 북대서양조약기구), 베트남과 한반도에서는 분단 체제를 통해 현상 유지를 도모하며 미소 냉전주의를 강화하는 것이 아이젠하워 정부의 대소련·대중국 정책이었다.

조봉암은 그러한 미국의 봉쇄 정책을 꿰뚫어 보았다. 그래서 내놓은 것이 대화를 통한 평화통일 정책이었다. 조봉암은 이 정책을 이미 1952년 대선에서 제시한 바 있었다. 그 과정에서 조봉암은 또 다른 무소속 후보 이시영에 의해 공산주의자로 몰리기도 했다. 좀 더 정확하게 말하자면, 조봉암을 처음 공산주의자라고 공격한 사람은 민주국민당 조병옥 후보였다. 이후 조병옥 후보가 대선 전에 사퇴하면서 이시영 후보를 지지했다. 지금이야 평화통일론이 국가의 기본 정책[5]이지만, 1952년 전쟁 중에 이런 이야기를 하는 것이나 전쟁의 상흔이 남아 있는 1956년에 다시 이런 주장을 하는 것은 어찌 보면 목숨을 걸어야 하는 일이었다. 이미 전쟁을 해보

---

4) 미국 제34대 대통령(1953년 1월 20일~1961년 1월 20일 재임)
5) "조국의 민주개혁과 평화적 통일의 사명에 입각하여…" - 대한민국 헌법 전문 중에서

지 않았는가. 북한이 한 번 밀고 내려왔고, 다시 우리가 한 번 밀고 올라갔다. 양쪽이 서로를 끝도 없이 밀어붙였다. 미국과 유엔의 개입, 그리고 소련과 중공의 개입으로 한반도는 만신창이가 되었다. 결판이 나던가? 절대로 안 난다. 결과적으로 무수한 인명이 살상되고, 모든 사회 인프라가 붕괴되었다. 그래서 조봉암은 '이런 전쟁을 한 번 더 한다고 해서 통일이 되는 것도 아니고 미국에 기대봤자 아무 소용도 없는데, 차라리 북한의 김일성과 테이블에 마주 앉아서 대화를 하자. 남북한이 끝없이 적대하지 말고 평화적으로 장기간에 걸쳐 통일에 관한 문제를 풀어가자'고 생각하기에 이른 것이었다. 당시로서는 거의 도전에 가까운 정책이었다.

이승만과 자유당에게는 거의 매국과 같은 정책이었다. 저 속까지 시뻘건 놈들하고 무슨 대화를 한단 말인가. 김일성과 대화했다가는 1949년 6월 26일 저세상으로 간 백범 김구하고 같은 족속이 될 것이었다. 그토록 속아냈는데도, 1946년 '정판사 위조지폐 사건'부터 반민특위를 거쳐 여수·순천 10·19 사건, 제주 4·3 사건, 보도연맹 사건에 이르기까지 그토록 죽여놨는데도 아직도 김구와 여운형의 평화통일 타령이라니. 조봉암, 이 급도 안 되는 사람이 도대체 무슨 자격으로 그 망령들을 뒤이어 나서는 것인가.

그뿐만이 아니었다. 조봉암은 미국의 원조를 자유당이 부정하게 쓰고 있다고 폭로했다. 이승만과 이기붕, 그리고 이기붕의 아내 박마리아가 미국의 원조를 모두 전용(轉用)[6]하고 있다면서, 조봉암은 농지개혁 추진을 주장했다. 지금 생각하면 농지개혁이 무엇인지 잘 이해되지 않을 수 있다. 국민의 90퍼센트 이상이 농사를 짓는 당시 상황에서 농지개혁은 농지에 투입되는 국가 예산 중 몇십 퍼센트를 다른 용도, 즉 공업 혹은 서비스업으로 전환하는 문제였다. 이는 굉장한 물리적 시간이 걸리는 일이거니와, 자유당은 이에 대해 문제의식조차 없었다.

제헌국회의원 시절의 조봉암

조봉암은 교육 정책을 함께 추진하는 방향을 제시했다. 제조업과 서비스업을 키우는 데는 시간이 아주 많이 걸리므로 전국의 농지에 초중고와 대학을 지어 교육에 투자하면, 공업과 서비스업 국가로의 성공적인 전환이 가능할 것이라는 주장이었다. 우리는 전쟁을 수행할 군사력도 부족했고, 농지개혁도 시급한 상황이었다. 그리고 무엇보다 시급한 것이 전 국민 의료보험 정책의 도입이었다. 이는 뉴질랜드의 사회 정책에서 따온 것으로, 전쟁 이후 우리 국민은 70퍼센트 이상이 중경상을 입은 데다 온갖 사회 위생 인프라[7]가 부족해 어려움을 겪고 있었다. 이런 상황에서 미국의 예산 지원을 전 국민 의

---

[6] 다른 데로 돌려서 씀. 즉, 자기 마음대로 씀.

[7] 전국적인 상하수도망이 제대로 갖추어지지 않았다. 이때까지만 해도 우물물을 길어 먹거나, 물장수에게 의존하는 일이 허다했다. 그리고 각종 전염병의 백신도 전혀 없었고, 깨끗한 우유 등도 기대할 수 없었다.

료보험, 전 국민 무상교육에 쓰자는 조봉암의 정책은 가히 혁명적인 발상이었다.

그런데 기득권층이 보기에 조봉암은 그저 일제강점기를 겪은 강화도 출신의 빨갱이에 불과했다. 공산주의와 김일성에 대한 국민의 철천지원수 같은 감정에 호소하는 것 외에 다른 해결책이 없었다. 1956년 천금 같은 정권 교체의 기회가 해공 신익희 선생의 뇌경색으로 인한 돌연사로 날아가 버리고, 1956년 11월 대선 과정에서 양명산이라는 급조(?)된 간첩이 잡혔다. 갖은 고문과 협박으로, 지난 5월 대선 때 조봉암 캠프에 북한 김일성의 선거 자금을 유입시켰다는 허위 자백을 받아낸다.

엎친 데 덮친 격으로 1957년 8월 30일, 당시 장안의 화제였던 가짜 이강석 사건[8]까지 일어난다. 급격히 틀어진 민심을 바로잡기 위해 이승만 정부는 조봉암을 간첩으로 몰기 시작했다. 1956년 1월 암살로 사라진 김창룡을 대신할 사냥개를 기다리던 이승만은 그 대체자로 홍진기 법무부 장관을 지목한다. 철저한 용공 조작에 의한 사형 심판, 1958년 12월 24일 보안법을 강화한 여러 법안을 모두 날치기로 통과시킨 이른바 2·4 파동까지 거쳐가며, 조봉암과 그의 정당 진보당을 결국 빨갱이 정당으로 몰았다. 집권 자유당은 곧 닥쳐올 1960년 대선을 대비하여 이 개정안을 밀어붙였다. 그 골자는 다음과 같다.

---

8) 1957년 8월 30일 한 청년이 경주 경찰서에서 이승만의 아들 이강석을 사칭하다 붙잡힌 사건. 이강석은 이기붕의 아들로, 이승만의 양자로 입적된 인물이다.

① 간첩죄의 극형
② 간첩 방조자에 대한 중죄
③ 변호사 접견 금지 및 2심제도 폐지

추가로,

① 보안법 적용 대상을 확대한다: '북괴 지령에 의해 운영되는 단체'에서 '국가 변란을 목적으로 하는 결사 집단 또는 단체의 조직'으로
② 이적행위 개념을 확대한다: '군사상의 비밀 탐지'에서 '적을 이롭게 할 목적으로 국가의 이익이 되는 모든 정보의 수집'으로
③ 정부를 참칭하거나 국가를 변란할 목적으로 구성된 결사 또는 집단의 지령을 받고 그 목적한 사항의 실행을 협의, 선전, 선동하거나 또는 그 이익을 위하여 동일한 사항을 선전, 선동하는 행위에 대한 처벌 규정을 신설한다.
④ 군인 및 공무원의 반항·선동행위에 대한 처벌 규정을 신설한다.
⑤ 헌법상 기관의 명예훼손행위에 대한 처벌 규정을 신설한다.
⑥ 사법경찰관의 조서를 증거능력으로 인정해 구속 기간을 연장할 수 있다.
⑦ 보안법 사건에서 피고인이 보석되는 경우 즉시 항고할 수 있게 한다.
⑧ 군 정보기관의 간첩 수사에 대한 법적 근거를 마련한다.

⑨ 보안법 범법자에 대한 취임 자격 박탈 대상에 교육기관과 보도기관을 추가한다.

여기에 "공연히 허위의 사실을 적시 또는 유포하거나 사실을 왜곡하여 적시 또는 유포함으로써 인심을 혹란하게 하여 적을 이롭게 한 자는 5년 이하의 징역에 처한다"는 언론통제 조항을 추가했다.

어떤가? 민주적인 법안으로 보이는가? 조봉암이 얼마나 무서웠으면, 대구·경북에서 조봉암으로 몰리는 표가 얼마나 무서웠으면 이렇게 법을 만들어서라도—그 법안이 설사 천하의 악법이더라도—그를 죽여야 했는가? **그 입법 과정과 진행 과정에 일어난 모든 사법살인의 감독관이자 선봉장은, 친일파의 사위이자 본인도 친일 판사였으며 모든 검사의 대장이기도 했던 홍진기였다.** 정작 홍진기는 4·19 혁명 이후에도 사형을 면하고, 삼성 이병철과 사돈 관계를 맺고, MBC 및 중앙일보사 사장 등을 역임하며 일생을 영화롭게 보냈다. 일제의 치안유지법보다 훨씬 강력한 언론통제 조항을 포함하고 있던 보안법이 이승만 시대에 더욱 강화되면서, 조봉암 축출을 비롯한 우리 한국사의 굵직한 용공 조작 사건들은 슬프게도 모두 정당성을 획득하게 되었다.

『민족일보』 조용수 사건

사건명	민족일보 사건
사건개요	『민족일보』의 발행인인 조용수를 비롯해 관련 간부 13명이 특수범죄처벌에 관한 특별법 위반 혐의로 재판에 회부된 끝에 사장인 조봉수를 포함한 3명이 사형판결을 받은 사건. 『민족일보』는 1961년 창간된 진보 계열 일간 신문으로, 5·16 쿠데타와 함께 3개월 만에 폐간되었다. 감사 안신규, 논설위원 송지영은 무기징역으로 감형되었으나, 조봉수는 1961년 12월 21일 사형되었다. 2008년 1월 16일 서울중앙지법은 『민족일보』 사건에 대한 재심에서 무죄를 선고했다.
책임자	 박정희(국가재건최고회의 부의장)  김종필(중정부장)  김형욱(국가재건최고회의 최고위원)

조용수의 아버지는 만석꾼이었다. 경상남도 진주에서 만석꾼 집안의 둘째 아들로 태어난 조용수(1930~1961)는 조금의 불편함도 없이, 유복한 환경에서 성장했다. 그는 공부를 아주 잘했다. 클래식 음악에도 일가견이 있었는데, 일본 유학 시절에 그 분야의 비평을 써서 파트타임 일을 하며 생활할 정도로 일본어 실력도 출중했다.

또한 그는 철저한 민족주의 우파 청년이었다. 해방 직후 서울에서 찬탁이냐 반탁이냐, 즉 모스크바 3상 회의 결과에 따른 선택이 수많은 사람에게 강요될 때, 그는 당연히 우파 청년답게 반탁의 기수로 각광받았다. 6·25 전쟁이 일어나자, 외삼촌인 하만복 의원(무소속)의 비서로 활약하다가 1951년 9월 일본 유학을 택했다. 그의 나이 21세였다.

1953년 재일본한국학생동맹 문화위원으로 선출되었고, 졸업 후에는 한국거류민단 중앙총본부 차장으로 선임되었다.

1959년 조봉암 선생이 구속되면서 조용수의 인생은 급격하게 바뀐다. '조봉암은 절대로 빨갱이가 아니다'라는 주장을 내세운 구명청원서명운동 위원회가 생겨났고, 조용수는 여기서 활동했다. 그것도 아주 활발하게 말이다. 이 때문에 좌천되었는데, 이 정치적 좌천을 받아들이기 힘들다며 재일본한국인북송반대 도치키현 위원장을 맡아 북송도 반대했다.

자, 조용수가 박정희 혁명군사위원회에서 나중에 판결받은 것처럼 좌익 용공분자라면, 재일교포를 북으로 보내는 소위 북송 작업이 재일본조선인총연합회(조총련) 한덕수 의장 등에 의해 자행될 때 당연히 찬성 쪽에서지 않았겠는가? 이는 조용수에 대한 판결이 도저히 받아들일 수 없는 판결임을 보여준다. 아니, 애초에 거류민단에서 활약했다는 것 자체가 그의 민족주의 우파 성향을 보여주지 않는가. 어느 정도로 반(反)북한운동을 했느냐면, 재일교포 북송이 저질러지는 철도를 막아 세우려고 철로 위에 누워 열차를 저지하는 운동을 했을 정도였다.

『민족일보』 창간호

1960년에는 귀국해서 조봉암 선생을 기리는 정당단체인 사회대중당에 입당, 경상북도 청송군에 출마했으나 낙선했다. 2등까지 당선인데, 3등을 했으니 낙선이었다. 그러나 그는 만석꾼의 아들답게 언론사를 설립했다. 아버지의 상당한 인맥으로 자금을 끌어모은 조용수는 혁신계 신문『민족일보』를 창간했다. 이사 13인의 추천을 받은 조용수는 사장에 취임했다.

그는 공산주의적 행태를 따라간 적이 없었다.『민족일보』의 논설 및 기사 작성 취지는 집권 민주당보다 조금 왼쪽에 있는 정도였다. 장면 총리 정권이 보수주의 세력의 눈치를 보면서 반공법과 데모 방지법을 더욱 강화하는 등 우경화의 바람을 타니까 여기서 민주당의 편을 들지 않고 비판하는 논조를 펼친 것이었다.

그런데 1961년 5월 16일 군사쿠데타가 일어났다. 조용수 사장은 32세

청년으로서 논설을 하나 썼다. 박정희의 둘째 형 박상희는 경상북도 칠곡 출신으로 1946년 10월 1일 대구에서 있었던 미군정에 항의하는 데모의 주동자이고, 그 시위의 거의 첫 번째 희생자라고 적어 민족적 감정을 불러 일으켰다. 그런데 박정희, 김종필 두 사람의 생각은 완전히 달랐다. 그들은 조용수 하나를 희생양 삼아서 군사정권의 정당성을 보장받고자 했다.

쿠데타 이틀 후인 5월 18일, 당시 큰 인기를 끌고 있었던『민족일보』의 조용수 사장과 12인의 이사진은 모조리 '혁명정부'에 체포되었다. 특수범죄처벌에 관한 특별법 위반이 죄목이었다. 그 죄목은 누가 봐도 반공법 위반이었다. 반공이 국시였던 '혁명정부'의 기반을 어겼다는 죄목으로 체포, 구속되었던 조용수는 억울했을 것이다. **박정희와 김종필은 조용수의 죄목이 그가 신문 논설에서 평화통일을 주장한 것이라고 밝혔다. 조총련계 자금으로 신문을 만들면서 북한이 주장하는 평화통일을 선전했다는 것이 혐의 내용이었다.** 하늘이 울고 땅이 노할 지경이었다. 일본에서 거류민단 활동을 하며 조총련이 주동한 재일교포 북송을 누구보다 철저히 반대했던 조용수에게 어찌 조총련의 자금으로『민족일보』를 창간했다는 주장을 씌울 수 있는지. 1961년 10월 31일 최종 재판에서 사형이 확정되었고, 1961년 12월 21일 형이 집행되었다.

결론부터 말해두면, 2006년 '진실·화해를위한과거사정리위원회(진실화해위원회)'는 조용수에 대한 사형판결을 위법한 것으로 규정하고 국가에 재심 등 상응한 조치를 취할 것을 권고했다. 2008년 1월 16일 서울중앙지법은 조용수에 대해 무죄를 선고했다. 하지만 조용수 본인은 32세 젊은 나이에 형장의 이슬로 사망하며 사법살인의 희생자가 되었다. 이승만 정권에 의해 사법살인을 당한 조봉암 선생의 뒤를 잇는 혁신운동가가 되겠다고 다짐했던 조용수는, 정권만 이승만에서 박정희로 바뀌었을 뿐 정말 2년 만에 조봉암과 동일한 사법살인으로 희생되었다.

「조용수, 송지영, 안신규에 사형」, 『경향신문』, 1961년 8월 28일

「민족일보 조용수 사장 '47년 만의 무죄'」, 『경향신문』, 2008년 1월 16일

이 사법살인 사건의 주범은 소위 '혁명정권'이었다. 박정희와 김종필 등이 이끈 '혁명정권'은 이 조용수라는 만석꾼 집안의 둘째 아들, 혁신운동가의 전형으로 평가받던 이 젊은이를 반공의 희생양으로 삼아 용공 조작 사건의 사례로 만들었다.

'반공을 혁명정권의 국시(國是)로 삼는다'는 공약에 따라 제정된 반공법은 철저한 '혁명정부' 아래 시행되면서 수많은 반국가 세력을 양산했다. 이 반공법은 수많은 문제점을 안고 있었는데, 그중 가장 대표적인 두 가지를 들자면 다음과 같다.

우선, 그 해석과 적용이 자의적이었다. 한마디로 자기 마음대로였다. 그리하여 정부 비판 활동을 철저하게 억제하고, 반대 세력을 정치적 금치산자로 만들어버리고, 언론을 정권 마음대로 탄압하는 등의 만행을 저질렀다.

두 번째, 소급 입법 금지의 원칙까지 마음대로 어기는 짓을 수도 없이 저질렀다. 1961년 5·16 군사쿠데타 이전의 행위까지도 모조리 소급해서 적용했다. 1949년 반민특위가 반민족행위자 특별처벌법을 적용할 때 당시 이인 법무부 장관이 그토록 철저하게 지켜야 한다고 주장했던 소급 입법 금지의 원칙을 완전히 무시해버렸다.

이 반공법은 보안법의 특별법으로서 박정희 군사정권 20년 동안 철권통치에 이용되었고, 1980년 전두환 정권에 의해 보안법에 통합되었다. 이 법안의 혜택을 보고 이 법안에 의해 권익을 보호받은 대표적인 세력이 바로 극우 매판(買辦) 정당 '국민의힘'이다.

04 인혁당 사건

사건명	인민혁명당 사건
사건개요	1964년 8월 14일 중정부장 김형욱이 "북괴의 지령을 받아 국가를 변란하려던 인민혁명당 사건을 적발했다"라고 발표한 사건. 이 사건으로 47명이 검찰에 송치되었다. 기소 뒤 피의자들에 대한 고문 사실이 터져 나왔으며, 13명만이 반공법 위반으로 공소 변경되어 재판받았다. 이후 13명 중 2명의 피고인에게 각각 징역 3년과 2년, 나머지 11명에 대해서는 전원 무죄판결이 내려졌다.
책임자	김형욱(중정부장) 신직수(검찰총장)

우리 역사에서 절대 지워지지 않을 것은 바로 반일, 항일의 역사다. 이는 일제강점기 35년의 역사와 함께 영원히 이어질 정신적 가치다. 그럼에도 불구하고 1964년 이른 봄, 박정희 정부는 일본과의 관계를 협력·협상 관계로 바꾸는 비밀스러운 외교 방침을 세우고 있었다. 바로 '한일 외교 정상화'였다. 당시 한국에서는 광복 20주년을 맞아 국민 사이의 반일 감정이 더욱 격화되고 있었다. 바로 그 몇 해 전 민주당 장면 총리가 히로히토에게 단순한 의례 차원에서 꽃다발을 보냈는데, 그 일로 엄청난 국민적 저항이 일어났던 것을 보면 잘 알 수 있다.

사정이 이런데 한일 외교라니? 여기에는 한국과 일본이 서로 협력해야 한다는 미국의 압박이 있었던 게 분명하다. 게다가 당시 박정희 정부는 한국의 풍부하고 저렴한 노동력에 일본의 우수한 기술력을 결합하면, 해외시장에 경쟁력 있는 공산품을 수출할 수 있다고 생각했다. 일본의 재벌 업체 입장에서 생각해보아도, 한때 전 동아시아에 소비 시장과 생산 시장을 갖추고 있었지만 이제 그 범위가 일본 본토로 쪼그라든 상황에서 동남아 시장을 되찾는 동시에 대한민국 시장을 확보하는 일은 피할 수 없는 과제였다.

이런 과정에서 벌어진 한일 비밀외교는 얼마 못 가 누설되고 말았고, 국민들은 당연히 "왜놈과의 국교 정상화는 제2의 을사늑약이자 경술국치다"라며 흥분했다. "해방된 지 20년이나 흘렀는데, 이제 와서 다시 왜놈들의 칼부림 속에 우리 살림살이를 맡겨야 하나"라며 슬퍼하기도 했다. 더구나 일본이 식민 통치 과정에서 남긴 숱한 상처들에 대해 어떻게 손해배상을 할 것인지, 그 구체적 방안이 제시되지 않았다. 그저 두리뭉실한 입장만 나왔을 뿐이었다. 국민들은 거세게 저항할 수밖에 없었다.

 1964년 3월 24일 서울에서 5,000여 명의 대학생이 한일 수교에 반대하며 시위를 벌였다. 동시에 전국 주요 도시에서 무려 8만여 명이 시위에 참여했다. 5월 20일 서울에서는 박정희 정권의 캐치프레이즈인 '민족적 민주주의'의 장례식이 열렸다. 장례식에서 조서를 읽은 사람이 바로 김영일, 훗날 필명 김지하로 불리게 되는 서울대 미학과 출신의 청년이었다. 전국적으로 시위가 확산되자 박정희 정권은 6월 3일 오후 8시, 수도 서울에 비상계엄령을 선포하고, 경찰 외 4개 사단 병력을 서울에 투입해 진압 조치에 나섰다.

「서울에 비상계엄 선포」,
『경향신문』, 1969년 6월 4일

 이 시위의 주동자들은 고려대 이명박, 중앙대 이재오와 서청원, 서울대 문리대 김덕룡과 영어영문학과 한광옥, 그리고 경기고 재학생 손학규 등이었다. 훗날 한국 정치사에 굵직한 이름으로 남게 된 사람들이다.

 이 와중에 시위대에 대해 시종일관 강경 입장을 고수했던 중정부장 김형욱은 이 시국을 타개하기 위해 하나의 용공 조작 사건을 기획한다. 그리고 그 내용을 검찰총장 신직수와 즉각 공유한다.

1964년 8월 14일 중정부장 김형욱은 "좌익 계열 정당인 인민혁명당이 북괴의 지령을 받고 대규모 지하조직을 구축해 국가를 변란하려 했던" 사건을 적발했다고 발표했다. 동시에 일당 57명 중 41명을 구속했으며, 나머지 16명은 전국에 수배 중이라고 밝혔다.

사건 개요는 다음과 같다. 간첩 김영춘은 1962년 1월 북한에서 특수 사명을 띠고 남하해 인민혁명당(인혁당) 조직을 주도했다. 여기에 통일민주청년동맹 중앙위원장 우동읍과 간사장 김배영·김영광, 민주민족청년동맹 간사장 김금수, 경북도 간사장 도예종, 사회대중당 간사 허표, 전 진보당원 김한득, 빨치산 출신 박현채 등이 가담했다. 이들은 창당 발기인 대회를 열고, 외국군 철수와 남북 서신 교환 및 문화와 경제 교류를 통한 평화통일을 골자로 하는 강령과 규약을 채택하여 발족했다. 이후 조직을 확대해오다가 1964년 4월 북한 중앙당의 지령을 받고, 중앙상임위원 도예종·정도영·박현채 등이 한일 협정 반대 시위를 유발하도록 획책했다.

'인혁당 사건'은 1964년 8월 18일 검찰에 송치되었다. 그러나 이후 18일간 이어진 고문 수사에도 기소할 만한 증거가 전혀 발견되지 않았다. 조작 사건이었으니 당연한 결과였.

결국 최대현 검사를 제외한 이용훈 부장검사, 김병금·장원찬 검사가 "양심상 도저히 못 한다. 공소를 유지할 자신이 없다"며 사표를 제출했다. **이에 김형욱과 신직수는 숙직 검사, 즉 가장 어린 검사에게 압력을 넣어 기소를 강행했다.** 하지만 사건이 국회로 비화되면서, 피의자들에 대한 고문 사실이 계속해서 밝혀졌다. 이에 서울고등검찰청 한옥신 검사에게 다시금 재수사가 맡겨졌다. 재수사 결과는 다음과 같았다.

당초 보안법 위반 혐의로 구속 기소된 26명 중 학생 등 14명에 대한 **공소가 취하되었고**, 도예종 등 나머지 12명의 피고에 대해서도 보안법 위반에서 반국가단체 찬양·고무 등의 반공법 위반 혐의로 **공소장이 변경되었다**. 법원은 이들에게 최고 3년에서 1년까지 비교적 **가벼운 형량을 선고했다**.

피의자 중 김배영은 1962년 10월 일본으로 밀항했는데, 1964년 11월 조총련을 통해 월북했다. 그는 1967년 10월 북한 공작원으로 대한민국에 왔다가 1971년에 체포되어 사형당했다. 2025년을 사는 우리들은 절대 알 수 없는 1960년대의 삶이었다. 1930년대에 태어나 당시 고작 30대였던 사람들이 북한 지역에 고향을 두었거나 그곳에서 학교를 나왔다면, 과연

1964년 11월 24일 인혁당 사건 첫 공판에 출석한 피고인 도예종 등 13명

지금의 우리처럼 북한에 대해 이질감이나 적개심을 품었을까?

1964년 한일 굴욕 외교 당시, 온 국민의 항일 분위기를 일거에 잠재운 사건이 바로 인혁당 용공 조작 사건이었다. 피의자들은 당연히 여기서 끝날 줄 알았겠지만, 무려 10년 뒤 신직수 중정부장과 민복기 대법원장에 의해 벌어진 최악의 사법살인 사건 '인혁당 재건위 사건'으로 이들은 다시금 억울한 희생자가 된다.

동백림 사건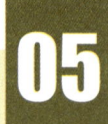

사건명	동백림 사건
사건개요	1967년 7월 8일 중정이 발표한 대규모 공안 사건. 중정은 동백림(동베를린)을 거점으로 삼은 194명의 유학생과 교민 등이 대남 적화 공작을 벌이다 적발되었다고 발표했다. 작곡가 윤이상과 화가 이응노, 시인 천상병도 이 사건의 혐의자로 지목되어 강제연행, 고문을 당했다. 사법부는 1969년 3월 동백림 사건과 관련해 사형 2명을 포함한 15명에게 실형을 선고했다. 국내외의 강한 반발에 부딪힌 박정희 정부는 1970년 광복절 관련자의 잔여 형기 집행을 면제하고 수감자를 석방했다.
책임자	박정희(대통령) 김형욱(중정부장)　신직수(검찰총장)

1967년 5월 3일 박정희는 윤보선을 꺾고 제6대 대통령으로 선출되었다. 과반수 지지를 차지한 박정희였지만, 부정선거 의혹이 끊이지 않았다. 6월 8일 총선이 치러졌다. 민주공화당의 압승이었지만, 부정선거 의혹은 사실이 되었고 서울 소재 대학의 학생들 사이에서 반(反)정부 시위가 일어났다. 바로 전해의 한일 굴욕 외교로 서울 일대에 계엄령이 선포되는 등 정권에 대한 체감 지지는 오히려 바닥을 쳤고, 선거 결과에 승복하지 못한 대학생들은 조직적으로 반(反)정부운동을 벌였다. **이에 박정희, 김종필, 정일권, 김형욱 등은 낮은 지지율의 출구를 찾고 있었다. 그 와중에 간첩단 사건 하나를 기획하게 된다. 완벽하게 기획된 올가미 같은 사건, 그게 바로 '동백림 사건'이었다.** 동백림은 동베를린이다. 동서로 분단되어 끔찍한 체제 경쟁을 벌이고 있던 독일의 수도 베를린에는 오히려 자유롭게 동서 진영을 가리지 않고 사람들이 드나들고 있었다. 사건의 기획자인 중정부장 김형욱은 이 사실을 알고 회심의 미소를 지었다.

작곡가 윤이상은 1957년 프랑스 파리를 떠났고 서독 베를린으로 거처를 옮겨 작품 활동을 지속했다. 그는 통영에서 함께 자란 죽마고우 최상한의 근황을 궁금하게 생각했다. 최상한은 평양의 오케스트라에서 첼리스트로서 삶을 이어가고 있었다. 도저히 좁힐 수 없는 이념의 굴레 속에서 윤이상은 황해도 강서대묘 등을 관람하고 돌아왔는데,

동백림 사건으로 체포된 윤이상의 모습

이게 바로 빌미가 되었다. 한국에 들어오자마자 반공법 위반 혐의로 정보부에 체포되고 만 것이었다.

화가 이응노는 6·25 전쟁 때 하나뿐인 아들(입양아였지만)을 북에 납북당했다. 유럽에서 최고 명예를 얻고 파케티 화랑에서 개인전을 열기까지 하는 명성을 누리면서도 언제나 아들의 안녕을 걱정하며 안절부절못했다. 그때, 스파이들이 다가왔다. 독일의 동베를린에 가면 아들의 모습을 보여 줄 수 있다는 김일성 집단들의 꾐에 넘어가 북한에 다녀왔다. 이게 빌미가 되어 한국 땅에 들어와서 정보부에 체포되었다.

문인 천상병은 친구 중 한 사람인 강빈구에게 푼돈을 한 푼 두 푼 뜯어가며 생활했다. 강빈구는 서독에서 유학하던 시절, 동베를린을 거쳐 북한에 갈 뻔한 일이 있었다. 이 사실을 술자리에서 천상병에게 자주 이야기했는데, 천상병은 이 사실을 듣고서도 정보 당국에 이야기하지 않았다는 의심을 받았다. 결국 "천상병 자네가 술을 얻어 마신 돈, 그게 바로 김일성이 준 공작금 아닌가" 이런 혐의를 받아 고문을 당했다.

작곡가 윤이상과 화가 이응노는 치밀하게 기획된 몰래카메라 형식으로 체포되었다. 먼저 중정 직원들과 해당 국가(윤이상은 서독, 이응노는 프랑스)의 대사관 직원들이 이들에게 접근했다. "선생님, 이번에 우리 박 대통령께서 재선을 하셨습니다. 그래서 경축 음악회를 하고 싶으시답니다." 혹은 "청와대 영빈관에 작품을 하나 걸고 싶으시답니다." 이러한 감언이설로 두어 달 정도를 작품 준비 기간으로 삼은 뒤에 비행기를 타고 한국으로 들어오게끔 했고, 김포공항에서 반공법 위반 현행범으로 체포했다. 그 가족들도 공항에서 함께 체포되었다.

천상병은 엄청난 전기고문을 당했다. 치아를 어찌나 악 깨물었는지, 대부분 부서지다 못해 산산조각이 나버렸다. 당연히 제대로 먹지를 못해 체중이 건강했을 때의 절반 정도밖에 안 나가게 되었고, 성기능도 완전히 상실했다. 정작 그의 술친구이자 천상병에게 고문이라는 고통을 안겨주었던 강빈구는 말더듬이 증세 때문에 중정 사람들에게 고문을 당하지 않았다고 했다. 1970년 그의 대표작인 시 「귀천」이 『창작과 비평』에 발표되었다. 이후 천상병은 고문 후유증과 영양실조 등의 이유로 쓰러져 서울시립정신병원에 갇혔다.

생전 지독한 고문 후유증에 시달렸던 문인 천상병

다시 윤이상과 이응노로 돌아가보자. **이 '동백림 사건'으로 박정희 정권은 낮은 지지율이라는 위기를 극복했다. 또한 3선 개헌 및 이후 유신정권을 통한 종신 독재정권의 기틀을 완전히 다지게 되었다.** 사건의 원흉이었던 중정부장 김형욱은 3선 개헌으로 권력 기반이 약해질 때까지 박정희의 가신으로서 모든 것을 누리고, 남산의 '나는 돈가스', 즉 '날아다니는 돈가스'라는 별명까지 얻었다.

반면 작곡가 윤이상의 명성에는 금이 갔다. 그것도 아주 큰 금이. 윤이상은 징역 10년을 선고받고, 2년 가까이 복역했다. 이응노의 명성에도 커다란 금이 갔다. 그는 "어디 해외를 다 나가봐라. 윤이상과 이응노를 물어보라. 결국에는 모두 다 감탄하고 고개를 끄덕일 것이다. 어찌 대한민국이 우리를 이렇게 구박할 수 있는가?"라며 통탄했다. 그는 감옥에서도 고추장과 김치, 간장, 그리고 휴지 등을 이용하여 그에게 세계적인 명성을 가져다준 콜라주(collage) 기법을 응용한 작품 활동을 끊임없이 이어나갔다. 감옥에서 나온 후에도 고향 홍성 부근의 예산 수덕사 근처 여관에 머물면서 앉아 쉬는 바위에다 예술 작품을 그려 새기는 등 활동을 끊임없이 이어갔다.

윤이상은 투옥 중에도 「나비의 미망인」이라는 오페라를 작곡해서 서독으로 보냈는데, 이 작품이 초연되자 구명운동을 위한 국제 여론이 확산되어 스트라빈스키, 슈톡하우젠, 헤르베르트 폰 카라얀, 리게티 죄르지 등 세계적인 음악 거장들이 박정희 정권을 옥죄기 시작했다. 더구나 그때 서독은 우리나라 광부들과 간호사들을 일하게 한 대가로 막대한 돈을 차관 형식으로 빌려주고 있었다. 프랑스도 이응노를 돌려달라면서 한국에 굉장한 외교적 압박을 넣었다. 이에 박정희는 서독 대사에게 이 임무(원만히 협상해라, 이응노와 윤이상은 절대 못 풀어준다)를 맡겼다. 이때 서독 대사는 바로 최덕신이었다. 6·25 전쟁 당시 거창·산청 양민 학살의 주동자로, 천도교 최동오 총재의 아들이었다. 최덕신은 결국 임무를 수행하지 못하고 박정희에게 처단당할 것을 두려워하며 아예 북한으로 망명해버리는 촌극을 빚었다.

이응노는 독재자 전두환한테까지 계속 사상을 의심받았다. 그의 최대 걸작인 「군상(群像)」의 제작마저도 박해 대상이 되었다. 그의 후원금 입금 계좌가 전두환의 지시를 받은 공안검사들에 의해 압류된 것이었다. 이응노 화백이 다작하는 작가가 된 이유는 생활비를 벌기 위한 몸부림 때문이었다. 후일 삼성그룹의 창업주 이병철 회장이 그의 그림을 일괄적으로 사지 않았다면, 그리고 그 작품들이 호암미술관에 전시되지 않았다면… 생각만 해도 아찔하다.

억울하게 오랜 시간 고통받았던 이응노

윤이상과 이응노, 그리고 천상병은 이제 모두 세상에 없다. 그들은 북한과 절대 마주하면 안 되는 시대에 북한과 마주했다는 이유로 억울한 일을 당했다. 재심이 열리긴 했으나 아직 무죄판결이 나지 않았다. 분명한 것은, 그들에 대한 수사가 중정 부장 김형욱의 고도의 기획으로 이루어진 용공 조작 사건에서 비롯되었다는 사실이다. 당시 중정의 직원들, 그들의 의뢰를 받고 재판에 기소한 검사들, 그들이 흘려주는 내용을 열심히 신문 주요 기사에 올려 쓴 법조 전문기자단이 있었지만 이들 모두의 이름은 밝혀져 있지 않다. 이번에 이

「동백림 거점으로 한 북괴 공작단 검거」,
『경향신문』, 1967년 7월 8일

책을 쓰려고 가능한 한 모든 자료를 찾아봤지만, 찾을 수 없었다. 그만큼 부끄러운 일이었겠지. 이들이 이 용공 조작 사건의 혜택을 가장 많이 받은 반공 세력이었으니 말이다.

통일혁명당 사건

사건명	통일혁명당 간첩 사건
사건개요	1968년 8월 24일 중정부장 김형욱이 "북한 지령을 받은 인사들이 통일혁명당을 결성해 반정부·반국가단체 활동을 했다"라고 발표한 간첩단 사건. 이 사건으로 문화인·종교인·학생 등 158명이 검거되었고, 이들 중 73명이 기소되었다. 주범이었던 김종태, 김질락, 이문규는 사형을 선고받았다. 2020년대에 이르러 '통일혁명당 재건 사건'으로 유죄판결을 받았던 이들 일부가 재심을 청구했고, 현재까지 여러 차례 무죄가 확정되었다.
책임자	김형욱(중정부장)　　신직수(검찰총장)

여기 유일하게 용공 조작 사건이 아닌, 진짜 간첩단을 발굴한 사례를 하나 싣는다. 용공 조작 사건들을 보면서 기분이 많이 상했을 텐데, 우리나라 중정과 검찰이 합심해 진짜 간첩단을 딱 한 차례 잡은 적이 있었다. 하지만 본질을 알고 보면 이 사건도 사실 용공 조작 사건과 다르지는 않다. 바로 '통일혁명당 사건'이다.

북한 정부가 무력 통일 방안을 거부하고, 남조선 자체 혁명 역량 강화에 따른 국제 반미 세력과의 통일에 의해서만 조국 통일이 지향될 수 있다고 노선을 세운 것은 1964년의 일이었다. 1964년 3월 15일 남한에서는 비밀리에 통일혁명당 창당준비위원회가 조직되었다. 김종태, 김질락, 이문규, 신영복 등이 주역을 맡았다.

1968년 8월 24일 통일혁명당 소탕 작전을 브리핑하는 중정부장 김형욱

이들은 김일성을 '민족의 태양'이라고 부르는 등 무슨 말 같지도 않은 장난질을 치면서, 그의 혁명 사상을 구현하기 위한 한국혁명의 전위당이라는 자긍심을 고취했다. 또한 당원과 각계 애국민중을 하나의 혁명 전선으로 결속한다는 정치적 목표도 제기했다.

통일혁명당 주동 세력 중 하나인 이문규를 대구 지역에서 잡았다. 그의 체포 사실을 알지 못한 북한은 암호문을 계속 남한으로 내려보냈다. 암호문을 토대로 대북 통신 공작에 착수한 정보 당국은 8월 4일, 마침내 지령문 해독에 성공한다. 필사적인 구출 시도를 벌인 북한에 맞서 군경이 합동 작전을 벌인 끝에, 8월 20일 북한군 12명을 사살하고 2명을 생포했으며, 남파 공작선을 유인, 나포하는 최고의 전적을 올린다.

8월 24일 중정은 "김종태가 전후 네 차례에 걸쳐 북한 김일성과 면담하고 '통일혁명당'을 결성하여 혁신 정당으로 위장한 뒤 이를 합법화해, 반정부 및 반미 데모를 전개하는 등 대정부 공격과 반정부적 소요를 유발시키는 데 주력했다"고 발표했다. 이때 중정은 김종태 등 3명을 포함해 관련자 158명을 검거했고, 73명을 검찰에 송치했으며, 23명을 불구속 입건했다. 그러나 이들 대다수는 김종태 등의 실체와 북한 연루 사실을 몰랐고, 심지어 '통일혁명당'이라는 조직 이름조차 들어본 적이 없었다(이것도 또 하나의 용공 조작이었다. 윗선에 한해서는 분명한 간첩단 사건이었지만, 그 외 나머지 사람들은 건드리면 안 되는 우리의 소중한 국민이었다).

북한에 가서 노동당에 입당한 김종태, 김질락, 이문규는 사형을 당했다. 신영복, 이재학, 오병철, 신광현, 정종소는 무기징역을 선고받았고, 박성준은 15년형, 김종태의 아내 임영숙은 12년형을 선고받았으며, 기타 인물들은 5년 이하의 형을 선고받았다. 참고로 당시 무기징역을 선고받은 신영복은 전향서를 쓴 뒤 1988년에야 가석방으로 출소했다. 1971년에 체포된 류낙진 역시 무기징역을 선고받았으나 이후 20년형으로 감형되었다.

최영도는 1969년 1월 폐결핵으로 옥사했다.

북한에서는 이 통일혁명당 사건을 크게 선전했다. "**미제와 파쑈 남조선 당국이 애국적 통일혁명당의 일부 성원들을 체포하여 사형을 비롯한 무기징역에 이르는 극형과 중형을 선고한 사건**"이라고 비난했다. 또한 교과서 '김일성 혁명역사'에 이 사건을 '조국 통일을 위한 남조선 혁명가들의 투쟁'이라는 한 개 챕터로 수록해 교육하고 있다.

이 사건도 전체를 간첩단 사건으로 보기는 어렵다. 윗선에 한해서는 확실한 간첩단 사건이었지만, 아랫선으로 확장했을 때는 말도 안 되는 조작 사건이었다. 중정부장 김형욱과 검찰총장 신직수의 공적 부풀리기가 작용했던 것으로 보인다.

그 근거로, '통일혁명당 재건 사건'에 연루되어 사형선고를 받고 17년간 옥고를 치른 박기래 씨가 2023년 5월 18일 사후 재심에서 무죄[1]를 확정받았으며, 같은 사건으로 각각 사형과 징역 10년형을 받았던 진두현 씨과 박석주 씨도 사후 재심에서 무죄를 확정받았다.[2]

---

1) 대법원 선고 2022도13084 보안법 위반 등 사건에 관한 보도자료 참고
2) 「'통혁당 재건위' 故 진두현·박석주 씨 49년 만에 재심 무죄 확정」, 『연합뉴스』, 2025년 5월 29일.

유럽 간첩단 사건

사건명	유럽 간첩단 사건
사건개요	1969년 4월 29일 중정이 박노수 교수를 불법연행하며 시작된 간첩단 사건. 이 사건으로 당시 서유럽 국가에 유학하며 동독 동베를린을 방문한 적 있는 한국인 학자와 유학생 등 20여 명이 간첩으로 기소되었고, 박노수 교수와 김규남 국회의원에게는 사형이 선고되었다. 2009년 진실화해위원회가 박 교수 등이 강압수사, 고문 등으로 거짓 자백을 했음을 고발했고, 2015년 대법원은 박 교수 등 3명에게 무죄를 선고했다.
책임자	신직수(검찰총장)

박정희 대통령의 운명을 비극으로 기울게 한 결정적인 순간을 하나만 꼽으라면, 바로 3선 개헌을 밀어붙인 때다. 대통령 3선 연임을 가능하게 한 개헌안은 1968년부터 1969년에 걸쳐 꾸준히 기획되었으며, 1969년 9월 14일 기립 투표로 통과되었다. 당연히 여야 곳곳에서 반발이 일었다. 원래 불가능한 대통령 3선을 성사시키기 위해, 말도 되지 않는 억지 주장과 지금은 도저히 용납이 어려운 논리들이 속출했다.

> **3선 개헌의 주요 내용**
>
> 1. 대통령의 3기 연임 허용
> 2. 야당 의원 집단 사퇴로 국회의원 수가 법정 최소 인원 이하로 떨어지는 사태를 방지하기 위해 소인원 규정 삭제
> 3. 대통령 탄핵소추 발의 인원 기준을 의원 30인 이상에서 50인 이상으로 상향 조정
> 4. 국회의원의 장관 등 기타 직위의 겸직 허용

1969년 6월 20일에는 3선 개헌에 가장 극렬히 반대하던 의원 중 한 명이었던 김영삼 신한민주당 원내총무의 차량에 중정부장 김형욱이 질산을 뿌려 김영삼을 암살하려 한 사건까지 벌어졌다. 1960년대 말은 이런 무지막지한 일들이 벌어지던 시기였다. 이 사건은 아직 미제 사건으로 남아 있지만, 99.9999퍼센트 중정의 소행, 즉 김형욱의 지시였음을 믿어 의심치

않는다. 질산 테러 직후 김영삼은 연설 중 다음과 같이 말했다.

"이 독재국가를 끌고 가는 원부가 바로 중정이요, 그 책임자 김형욱은 민족반역자다. 이건 날 죽이려는 정부의 음모다."

이처럼 시민들이 질겁할 일들이 일어나기 직전인 1969년 5월 1일 민주공화당, 즉 집권 여당의 국회의원 한 명이 중정에 불법연행되었다. 그는 1967년 제7대 국회의원 선거에서 전국구로 당선된 전남 보성 출신의 언론인 겸 교육자 김규남이었다. 5월이 시작되자마자 국회에서 제명된 그는, 같은 해 11월 4일 서울형사지방법원에서 반공법 위반

「김영삼 의원 차에 초산 뿌려」, 『경향신문』, 1969년 6월 21일

혐의로 사형을 선고받았다. 그리고 1972년 7월 13일, 서울 서대문구 현저동 서울구치소에서 사형이 집행되었다.

이 사건에서 김규남과 함께 희생된 이는 박노수 교수였다. 영국 케임브리지대 법대를 졸업하고 국제법을 전공한 최고의 전문가였지만 박정희 정권의 김형욱, 아니 신직수 검사의 칼날을 피할 수 없었다.

그들은 앞선 1967년 동백림 사건 때 윤이상, 이응노 등과 함께 기소될

운명이었다. 그런데 그때는 웬일인지 수사조차 하지 않고 넘어갔다. 그런데 대통령 3선 개헌이 본격화되고 그에 따른 반대가 거세지자(당연히 말도 안 되는 일이었으니까) **정부는 이 위기를 벗어나기 위해 용공 조작 사건을 하나 기획했다.**

그게 바로 국제법 전문가 박노수 교수와 이제는 집권 여당 민주공화당의 국회의원이 된 김규남을 희생양으로 삼자는 것이었다. 그들은 유럽에 유학했을 때, 동베를린을 방문했었다. 더구나 평양까지 방문하고 돌아왔다. 이 둘을 구속해 신병을 확보한 뒤, 유럽에서 간첩행위를 했다는 혐의를 뒤집어씌웠다. 그들은 북한 공작원에게서 지령과 공작금을 받아 북한 노동당에 입당한 후 독일 등지에서 간첩 활동을 했다는 혐의를 받았다. 김규남 의원은 박노수 교수와 대학 동창으로, 김 의원에게는 간첩행위를 적극적으로 도왔다는 혐의가 추가되었다. 게다가 김규남 의원은 당시 3선 개헌에 반대했던 김종필계의 막내 의원이었기에 그들에게 더욱 매력적인(?) 표적이었다.

당연히 고문은 혹독하게 진행되었다. 증거가 없는 막무가내 우기기식 누명이었으니, 당연했다. 자백 이외의 증거는 전혀 없었다. 그래도 검찰은 두 사람 모두에게 사형을 구형했고, 판사는 집행명령을 내렸다. 이런 것이 바로 사법살인이다. 국가의 사법제도를 100퍼센트 악용해 없는 죄, 가벼운 죄를 마치 사형이 마땅한 중범죄로 둔갑시키고, 국가권력이 3심을 모두 장악해 결국 죽음에 이르게 하는 악습이 죽산 조봉암과 조용수 사건 등으로 이어져 내려온 사법살인의 역사다.

이 사건의 사법살인 주체로 또 한 명의 인물이 등장한다. 집권자 박정희, 중정부장 김형욱과 함께 거론되는 검사 측 인물이다. 바로 신직수 검찰총장이다. 박노수 교수와 김규남 국회의원이 수사를 받고 누명을 뒤집어쓴 채 재판을 받을 때 신직수는 검찰총장이었고, 사형이 집행될 때는 법무부 장관으로 승진, 발령되었다. 이 사람의 사위가 누구인가? 바로 조봉암을 사법살인한 홍진기 법무부 장관의 아들, 홍석현 중앙일보 사장이다.

이 '유럽 간첩단 사건'이 얼마나 허무맹랑한 소설이었는지는 후일 재심이 증명해준다.[1] 진실화해위원회는 2009년 중정의 불법연행과 강압수사, 협박, 고문 등으로 인해 박 교수 등이 허위 자백을 했다는 조사 결과를 발표했다. 같은 해 유족들은 법원에 재심을 청구했다.

중정부장 시절의 신직수

이에 따라 사형선고 후 43년 만인 2015년 12월 29일, 박 교수 등 3명은 대법원에서 무죄판결을 확정받아 누명을 벗었다. 2016년에는 유가족이 국가를 상대로 70억 원의 손해배상 청구 소송을 진행했고, 2017년 정부가 유가족에게 23억 원을 배상하라는 판결이 나왔다.

---

1) 「'유럽 간첩단 사건' 피해자, 54년 만에 무죄 확정」, 『뉴시스』, 2024년 7월 10일.

2024년 6월 13일에는 이 사건의 피해자 중 한 명인 김신근이, 1970년 대법원에서 징역 7년과 자격정지 7년을 선고받았으나 재심을 통해 무죄가 확정되었다.

1969년 유럽 간첩단 사건 재판 당시 재판정에 선 피고인들. 박노수(맨 오른쪽)와 김규남(오른쪽에서 두 번째)의 모습이 보인다

「오적」 필화 사건 08

사건명	오적 필화 사건
사건개요	1970년 5월 월간지 『사상계』에 사회 지배층을 신랄하게 비판한 김지하의 시 「오적」이 발표되자 박정희 정부는 「오적」을 수록한 『사상계』의 시판을 중단했다. 야당인 신민당의 기관지 『민주전선』 6월 1일 자에 「오적」이 다시 실리자 새벽에 급습해 10만여 부를 압수했다. 이후 김지하와 『사상계』의 대표 부완혁, 편집장 김승균, 『민주전선』의 출판국장 김용성 등이 반공법 위반 혐의로 구속되었다. 그 여파로 『사상계』는 1970년 9월 29일 자로 등록을 취소당했다.
책임자	박정희(대통령) 김형욱(중정부장) 신직수(검찰총장)

필화(筆禍) 사건이라고 하니, 저 바다 건너 중국 청나라 왕조 시절의 '문자의 옥' 사건이 떠오른다. 중국은 청나라 시절, 특히 강희제, 옹정제, 건륭제의 3황제 때 청나라를 비판하고 명나라 시절을 그리워하는 많은 문인을 정권의 힘으로 억눌렀다. 강하게 고문하고, 극형에 처했다. 1960년대와 1970년대, 박정희가 대한민국을 장악하고 강하게 억눌렀던 시절은 그 시절과 판에 박은 듯 똑같았다. 앞에서 1960년대의 희생양이 되었던 문화 예술인을 알아봤는데, 국내의 문인들도 전혀 예외가 아니었다.

1970년 『사상계』에 발표된 풍자시 「오적」은 우리나라를 망친 1905년의 을사오적에 오늘날의 도적들이라 불리는 재벌, 장차관, 국회의원, 군 장성, 고급공무원 등 사회의 다섯 악폐 계층을 빗대어 신랄하게 비판한 시다. 이 시를 쓴 이는 본명 김영일, 필명 김지하로, 목포에서 태어나 서울대 미학과를 무려 8년여 만에 졸업한 저항 시인이다. 시를 먼저 살펴보자.

1.
시(詩)를 쓰되 좀스럽게 쓰지 말고 똑 이렇게 쓰랏다
내 어쩌다 붓끝이 험한 죄로 칠전에 끌려가
볼기를 맞은 지도 하도 오래라 삭신이 근질근질
방정맞은 조동아리 손목댕이 오물오물 수물수물
뭐든 자꾸 쓰고 싶어 견딜 수가 없으니, 에라 모르겠다

볼기가 확확 불이 나게 맞을 때는 맞더라도
내 별별 이상한 도둑 이야길 하나 쓰겠다

2.

첫째 도둑 나온다
재벌(狾綮)이란 놈 나온다
돈으로 옷해 입고 돈으로 모자해 쓰고 돈으로 구두해 신고 돈으로 장
갑해 끼고 금시계, 금반지, 금팔지, 금단추, 금넥타이 핀, 금카후스보턴,
금박클, 금니빨, 금손톱, 금발톱, 금작크, 금시계줄, 디룩디룩 방댕이, 불
룩불룩 아랫배, 방귀를 뿡뿡뀌며 아그작 아그작 나온다

3.

저놈 재조봐라 저 재벌놈 재조봐라
장관은 노랗게 굽고 차관은 벌겋게 삶아
초치고 간장치고 계자치고 고추장치고 미원까지 톡톡쳐서 실고추 파
마늘 곁들여 날름 세금 받은 은행돈, 외국서 빚낸 돈, 왼갖 특혜 좋은 이
권은 모조리 꿀꺽 이쁜 년 꾀어서 첩삼아 밤낮으로 작신작신 새끼까지
여념없다 수두룩 까낸 딸년들 모조리 칼쥔놈께 시앗으로 밤참에 진상
하여 귀띔에 정보 얻고 수의계약 낙찰시켜 헐값에 땅샀다가 길 뚫리면
한몫 잡고 千(천)원 工事(공사) 오원에 쏵싹, 노동자임금은 언제나 외상

외상 둘러치는 재조는 손오공할애비요 구워삶는 재조는 되놈숙수 뺨치겠다.

4.
또 한 놈이 나온다.
국회의원(匊儈伲猿) 나온다.
곱사같이 굽은 허리, 조조같이 가는 실눈,
가래 끓는 목소리로 응승거리며 나온다
털투성이 몽둥이에 혁명공약 휘휘감고 혁명공약 모자쓰고 혁명공약 배지차고 가래를 퉤퉤, 골프채 번쩍, 깃발같이 높이들고 대갈일성, 쪽 째진 배암샛바닥에 구호가 와그르르 혁명이닷, 舊惡(구악)은 新惡(신악)으로! 改造(개조)닷, 부정축재는 축재부정으로!
근대화닷, 부정선거는 선거부정으로! 重農(중농)이닷, 貧農(빈농)은 離農(이농)으로! 건설이닷, 모든집은 臥牛式(와우식)으로! 社會淨化(사회정화) 닷, 鄭仁淑(정인숙)을, 정인숙을 철두철미하게 본받아랏!
궐기하랏, 궐기하랏! 한국은행권아, 막걸리야, 주먹들아, 빈대표야, 곰보표야, 째보표야, 올빼미야, 쪽제비야, 사꾸라야, 幽靈(유령)들아, 표도둑질 聖戰(성전)에로 총궐기하랏! 孫子(손자)에도 兵不厭邪(병불염사), 治者卽(치자즉) 盜者(도자)요 公約卽(공약즉) 空約(공약)이니
遇昧(우매)국민 그리알고 저리멀찍 비켜서랏, 냄새난다 퉤 -

골프 좀 쳐야겠다.

(하략)

　김지하의 해학적 풍모와 당대 사회에 대한 날카로운 비판이 어우러진 걸작이다. 김지하는 1970년 5월 『사상계』에 발표된 이 시에서 재벌(狾獘), 국회의원(匊獪狋猿), 고급공무원(跍磔功無獂), 장성(長猩), 장차관(瞕狄矐) 등 오적을 한자어로 표기하면서 의도적으로 '개 견(犬)'을 변(犭)으로 넣어 이들이 '사회적 개자식'임을 암시하고 있다. 이 시의 제4연 '국회의원' 조를 보면, 3월 17일에 발생한 고급 요정 콜걸 정인숙 씨 권총 피살 사건과 4월 8일 서울 한복판에서 일어난 와우아파트 붕괴 사고를 신랄하게 비판하고 있는데 『사상계』는 이 시를 게재했다는 이유로 된서리를 맞았다. 시인 김지하 본인은 말할 것도 없고, 편집국장, 이사진, 대표 등이 줄줄이 중정으로 끌려가 고문을 당했으며, 『사상계』는 강제로 폐간되었다.

　박정희는 3선 대통령이 되고자 1969년에 헌법을 뜯어고쳤다. 김지하는 이러한 개인적인 욕망과 그에 동조하는 하수인들을 비판하는 차원에서 시를 통해 그 모습을 묘사한 것이었다. 박정희는 『사상계』 시판을 막는 조치를 취했다. 그러나 신민당 기관지 『민주전선』이 6월에 다시 이 「오적」을 기어이 실어냈다. 박정희는 격노했다. 『민주전선』과 『사상계』 양쪽이 모두 반공법 위반으로 혹독한 고문에 시달렸다. 이때 검찰이 내놓은 억지 주장이 참으로 걸작이었다. 이 시가 북한의 선전 자료로 이용되었고 계급의식을 고취시켰다며 반공법 위반을 주장한 것이었다. 그때 저항하는 모두에게 그러했듯이 이는 용공 조작 사건으로 몰아가려는 검사들의 치졸한 역사적 장난이었다. 하지만 김지하는 당당했다. 판소리의 형식을 빌려 우리 사회의 모순을 비판한 것이지, 북한에 이롭게 계급의식을 고취한 적은 추호도 없다고 주장한 것이었다.

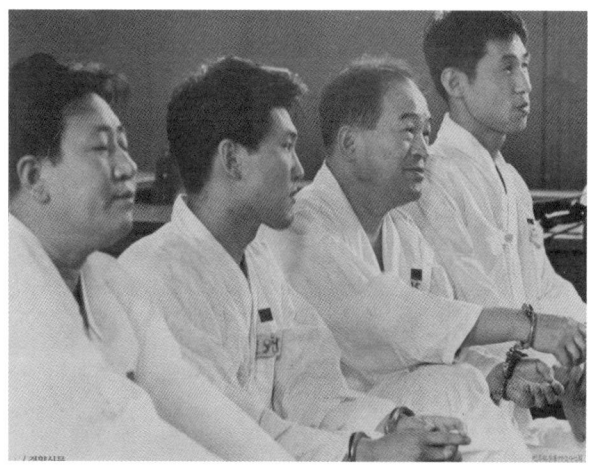

1970년 7월 7일 첫 공판에 출석한 김지하(시인), 부완혁(『사상계』 대표), 김승균(『사상계』 편집인), 김용성(『민주전선』 편집인) 등 4인

『사상계』 역시 가만있지 않았다. 박정희의 지시와 검사들의 충성심에 따라 1970년 9월 29일 자로 등록이 취소되자 『사상계』는 등록취소처분 취소 청구 소송이라는, 얼핏 읽어서는 헷갈리기 쉬운 이름의 소송을 제기했고, 1971년 10월 26일 서울고등법원 특별부에서 승소판결을 받아 최종

승리했다.

시인 김지하는 서울구치소에 수감되었다가 곧 석방되었고, 1971년 가수 김민기와 야학 활동을 시작했다. 이 시기에 걸작 「금관의 예수」를 작사했다. 작곡은 김민기가 맡았다. 1974년 전국민주청년학생총연맹(민청학련) 사건에 연루되어 사형까지 언도받았다가 무기징역으로 감형되었고, 다시 7년 형을 언도받고 1980년에 석방되었다. 최고의 걸작 「타는 목마름으로」는 1975년에 발표되었다.

1991년 김지하는 『조선일보』 논설 「죽음의 굿판 당장 걷어치워라」(원제: 젊은 벗들! 역사에서 무엇을 배우는가)를 쓰면서 진보 진영의 엄청난 비난을 받았는데, 그 평판을 죽을 때까지 만회하지 못했다. 그는 죽기 직전, 박근혜를 지지했던 것은 실수였다고 후회했다고 한다. 이후의 행적이 어떠했든, 1970년의 김지하는 말 그대로 청춘의 희망이었다. 그 단단한 박정희 군사독재정권에 맨몸과 붓펜, 단 두 개로 맞선 희망이었다. 그 희망을 어떻게든 꺾으려 했던 것이 바로 검사들이었다.

09 인혁당 재건위 사건

사건명	인민혁명당 재건위원회 사건
사건개요	1974년 4월 25일 중정부장 신직수가 "인민혁명당 재건위원회가 학생 시위와 민중 폭동을 조종했다"라고 발표한 사건. 이 사건으로 23명이 기소되었으며, 사건 조작을 위한 고문과 공판조서 날조 등이 자행되었다. 이 중 8명은 사형을 선고받은 다음 날 바로 형이 집행되었고, 국제법률가협회는 이날을 '사법사상 암흑의 날'이라고 규정했다. 이후 2007년 1월 23일 서울중앙지법은 제2차 인혁당 사건 관련 8인에 대해 무죄를 선고했다.
책임자	박정희(대통령) 신직수(중정부장)

1995년 4월 25일 MBC 방송 설문 조사에서 판사들이 뽑은 가장 부끄러운 판결 1위는 단연 인혁당 재건위 재판이었다.

또한 2012년 대선에서 한나라당 박근혜 후보를 가장 괴롭혔던 것도 아버지 박정희 시절에 벌어진 인혁당 재판 문제였다. 국민들은 사과를 요구했다. 박 후보는 결국 사과했지만 이는 형식적인 겉치레에 불과했다. 박 후보는 대법원의 재판 결과가 두 갈래로 나왔다면서 측근인 김병호, 김재원[1] 등을 통해 아주 비열하게 책임을 회피했다.

이 사건은, 결과부터 말하겠다.

2002년 9월 의문사진상규명위원회가 '인혁당 사건'은 중정의 조작 사건이라고 발표했고, 국정원 과거사 진실규명을 통한 발전위원회도 2005년 12월 사건 관련자들에 대한 중정의 가혹행위와 인혁당 구성 및 가입 등에 대한 조작 사실을 인정했다. 마침내 2007년 1월 23일 서울중앙지법은 도예종 등 '인혁당 재건위 사건' 희생자 8인에게 무죄를 선고했다. 또한 2010년 3월 진실화해위원회는 인혁당 사건 당시 불법구금 등에 대해 공식 규명했다.

1972년 10월 17일 유신정권이 시작되었다. 독재와 폭력으로 점철된, 한국 현대사에 어둠이 드리운 시대였다. **1974년 4월 3일 긴급조치 제4호**

---

1) 전 검사로서 "베드로가 예수를 부인하는 것같이 억지로 밀리는 사과를 하지 않겠다"고 말했다.

가 선포되었고, 4월 25일에는 검찰총장 출신 중정부장 신직수가 학생 시위 배후에 공산당의 조종이 있었음을 주장하며 민청학련 사건을 발표했다. 용공 조작 사건이 하나 꼭 필요하다는 이유에서였다. 4월 3일 총궐기 신호와 함께 박정희 정부를 무너뜨리려는 대규모 흉계가 발각되었다는 것이 발표의 요지였다.

> **대통령긴급조치 제4호**
> [시행 1974. 4. 3.] [대통령긴급조치 제4호, 1974. 4. 3. 제정]
>
> 1. 전국민주청년학생총연맹과 이에 관련되는 제 단체(이하 "團體"라 한다)를 조직하거나 또는 이에 가입하거나, 단체나 그 구성원의 활동을 찬양, 고무 또는 이에 동조하거나, 그 구성원과 회합, 또는 통신 기타 방법으로 연락하거나, 그 구성원의 잠복, 회합·연락, 그 밖의 활동을 위하여 장소·물건·금품, 기타의 편의를 제공하거나, 기타 방법으로 단체나 구성원의 활동에 직접 또는 간접으로 관여하는 일체의 행위를 금한다.
> 2. 단체나 그 구성원의 활동에 관한 문서, 도화·음반, 기타 표현물을 출판·제작·소지·배포·전시 또는 판매하는 일체의 행위를 금한다.
> 3. 제1항, 제2항에서 금한 행위를 권유, 선동 또는 선전하는 일체의 행위를 금한다.
> 4. 이 조치 선포 전에 제1항 내지 제3항에서 금한 행위를 한 자는 1974년 4월 8일까지 그 행위 내용의 전부를 수사·정보기관에 출석하여 숨김없이 고지하여야 한다. 위 기간 내에 출석·고지한 행위에 대하

여는 처벌하지 아니한다.
5. 학생의 정당한 이유 없는 출석·수업 또는 시험의 거부, 학교 관계자 지도·감독하의 정상적 수업·연구 활동을 제외한 학교 내외의 집회·시위·성토·롱성, 기타 일체의 개별적·집단적 행위를 금한다. 단, 의례적·비정치적 활동은 예외로 한다.
6. 이 조치에서 금한 행위를 권유·선동·선전하거나 방송·보도·출판, 기타 방법으로 타인에게 알리는 일체의 행위를 금한다.
7. 문교부 장관은 대통령긴급조치에 위반한 학생에 대한 퇴학 또는 정학의 처분이나 학생의 조직, 결사, 기타 학생 단체의 해산 또는 이 조치 위반자가 소속된 학교의 폐교 처분을 할 수 있다. 학교의 폐교에 따르는 제반 조치는 따로 문교부 장관이 정한다.
8. 제1항 내지 제6항에 위반한 자, 제7항에 의한 문교부 장관의 처분에 위반한 자 및 이 조치를 비방한 자는 사형, 무기 또는 5년 이상의 유기징역에 처한다. 유기징역에 처하는 경우에는 15년 이하의 자격정지를 병과할 수 있다. 제1항 내지 제3항, 제5항, 제6항 위반의 경우에는 미수에 그치거나 예비, 음모한 자도 처벌한다.
9. 이 조치에 위반한 자는 법관의 영장 없이 체포, 구속, 압수, 수색하며 비상군법회의에서 심판, 처단한다.
10. 비상군법회의 검찰관은 대통령긴급조치 위반자에 대하여 소추를 하지 아니할 때에도 압수한 서류 또는 물품의 국고 귀속을 명할 수 있다.

> 11. 군 지역 사령관은 서울특별시장, 부산시장 또는 도지사로부터 치안, 질서 유지를 위한 병력 출동의 요청을 받은 때에는 이에 응하여 지원하여야 한다.
>
> **부칙 〈대통령긴급조치 제4호, 1974. 4. 3.〉**
>
> 12. 이 조치는 1974년 4월 3일 22시부터 시행한다.

박정희 대통령이 긴급조치 제4호를 발표할 때 제1항에 명시한 '전국민주청년학생총연맹'이 바로 민청학련이다. 당시 법무부 장관 황산덕은 인혁당이 학생 시위를 배후 조종했다는 새로운 주장을 내놓았다. 이전 인혁당 연루자들은 1974년 5월 27일 비상군법회의 검찰부에 의해 보안법·반공법 위반, 내란 예비 음모, 내란 선동 등의 혐의로 기소되었다. 6월 15일 시작된 재판은 비상보통군법회의, 비상고등군법회의를 거쳐 대법원 확정까지 10개월이 소요되었다. 3심을 거치는 동안 피고인들의 형량은 똑같았다. 특히 후술할 8인의 사형수들의 형량은 처음부터 끝까지 사형이었다.

이 재판에서 사형 확정을 내린 대법관들은 민복기 대법원장, 홍순엽, 이영섭, 주재황, 김영세, 민문기, 양병호, 이병호, 한환진, 임항준, 안병수, 김윤행, 이일규 등이었다. 이 중 양병호 대법관은 중정 서빙고 분실로 끌려가 고문을 당했다. 이 정도로 대부분의 판사는 형식만 지킨 채 아무 힘도 없이 검찰이 불러주는 대로 판사봉을 두들겼을 뿐이었다.

이들 중 소수 의견을 낸 대법관은 오직 한 명, 이일규뿐이었다. 항소심에서 피고인 신문을 생략하고 항소 이유에 대한 변론만을 진행한 것은 정상적인 변호 절차가 아니라고 지적하며 재판 절차의 문제점을 지적했다. 이일규는 원심을 파기하고, 다시 재판해야 한다는 의견을 냈다.

8명 모두 1975년 4월 8일 오전 10시 대법원에서 인혁당 및 민청학련 사건 관련 피고인 36인의 상고가 기각되면서 원심 판결대로 형이 확정되었다. 그런데 선고 바로 다음 날인 4월 9일 새벽 4시 30분부터 아침 8시까지 서울구치소에서 이들 8명에 대한 형이 집행되었다. 사형 집행까지 걸린 시간은 형량 확정 후 겨우 18시간 30분에 불과했다.

유신정권은 사형 집행된 시신조차 가족에게 돌려주지 않았다. 이 사건의 폭압성을 앞장서서 외쳤던 조지 오글(George Ogle) 목사와 제임스 시노트(James Sinnott) 신부는 유신정권에 의해 아예 추방당했다. 사건이 한창 진행 중일 때 우리나라를 공식 방문했던 미국의 제럴드 포드 대통령은 진상규명을 외치는 시위대를 뒤로한 채 아무런 조치 없이 떠나버렸다.

1975년 4월 8일, 인혁당 사건 관련자들의 사형이 확정되자 오열하는 가족들

8명 사형수의 가족들은 나무에 매달리고, 식당 문을 닫고, 개처럼 끌려다니고, 협박에 시달리며 매 순간을 정말 인간으로서 혐오스럽고 수치스럽게 살아야 했다고 회상했다.

박정희 유신정권의 가장 부끄럽고 가장 억울한 사법살인 사건이었던 인혁당 재건위 사건은 산천초목도 울릴 만한 것이었다. 박정희 정권과 중정부장 신직수가 꾸민 용공 조작 사건! 더 이상 할 말이 없다. 피의자 유진곤 씨 아들의 편지로 이 심정을 대신하고자 한다.

> 카터 대통령님께 보냅니다.
> 카터 대통령님 안녕하십니까?
> 저는 한국의 어린이지만 카터 대통령이 당선 되셔서 아주 기뻐요
> 카터대통령님은 누구보다 민주주의를 잘 아시고, 힘없고 약한 국민들을 사랑하신다고 들었기 때문입니다.
> 저는, 1974년 4월 대통령 긴급조치 제4호 위반혐으로 무기징역을 선고받고, 수감중인 유진 곤의 아들 유동민입니다.
> 우리 아빠는, 훌륭한 사람이며 절대 공산주의 가 아닙니다.
> 아빠는, 비밀군사 재판에서 말한마디도 못 한 채, 중형을 받았어요
> 그 동안, 저는 박 대통령께 호소문도 보내었고, 엄마와 같이 중앙정보부 6국에 붙잡혀가서, 33시간 동안 의자에 꼬박 앉아서, 밤을 새우며 중앙정보부 아저씨들에게 무서운 말을 많이 듣기도 했으며, 3년동안 주님께 날마다 기도도 하였읍니다만, 우리 아빠는 아직도 석방되지 못하고, 어둡고 추운 독방에서 운동도 치료도 못 받고, 고통받고 계십니다.

인혁당 재건위 사건으로 무기징역형을 선고받은 유진곤의
아들 유동민 군이 1977년 4월, 12세의 나이로
당시 미국 대통령 지미 카터에게 쓴 석방 청원문

국제법학자협회는 이날을 '사법사상 암흑의 날'로 선포했다. 인혁당 재건위 사건은 유신체제하에서 벌어진 대표적인 사법살인 및 인권침해 사건으로 기록되고 있다.

재일동포 간첩단 사건 10

사건명	재일교포 유학생 간첩단 사건(11·22 사건)
사건개요	1975년 11월 22일 중정 대공수사국장 김기춘이 발표한 재일교포 유학생을 중심으로 한 대규모 간첩단 사건. 이 사건으로 재일교포 13명을 포함한 총 21명이 간첩으로 기소되었고, 4명에게는 사형이 선고되었다. 2000년대에 이르러 유죄판결을 받았던 이들 일부가 재심을 청구하며 고문과 거짓 자백이 있었음을 고발했고, 현재까지 진행된 재심에서는 모두 무죄가 선고되었다.
책임자	김기춘(중정 대공수사국장)

1974년 광복절에 영부인 육영수 여사가 암살당했다. 그것도 검찰 발표대로라면 대통령 박정희를 쏘려다가 영부인 육영수를 잘못 맞힌 것이었다. 이 사건의 범인으로 알려진 문세광을 직접 취조한 사람이 그 악명 높은 공안검사 김기춘(1939~)이었다. 문세광을 1974년 12월 20일 사형시킨 뒤 김기춘은 대공수사국장을 맡아 서슬 퍼런 칼날을 휘두르기 시작했다. 그것은 복수의 칼날이었다. 그 복수에 가장 알맞은 대상은 재일교포였다. 김기춘은 하나의 용공 조작 사건을 기획했다. 빨갱이가 없으면 만들면 된다. 근거와 희생양은 충분했다.

이미 1971년에 서승, 서준식 형제의 간첩 조작 사건을 겪은 재일동포 대상의 조작 사건이 착착 진행되어나갔다. 문세광이 오사카 조총련 출신이라고 했겠다. 그럼 재일교포 약 60만의 분위기를 악용하기만 하면 되는 일이었다. 당시 재일교포 사회는 북한 김일성을 추종하는 조총련과 대한민국을 지지하는 거류민단으로 나뉘어 자주 갈등을 빚었다. 그런데 그게 윗사람들, 즉 지도부에서만 그렇지, 대부분의 재일동포는 일본 사람들에게 하층민으로 분류되어 센징(賤人, 천인)으로 취급받는 처지였다. 그래서 겉으로는 몰라도 속으로는 아주 친하게 지내는 경우가 많았다.

김기춘은 바로 이런 점에 주목했다. 1년이라는 시간 동안 조총련과 만난 거류민단 사람, 조총련이 운영하는 조선학교에 자주 다닌 사람, 북한 선전물을 접해본 사람, 조총련 소속 식모를 고용한 일본 사람 집의 며느리, 조총련 소속 청소부를 고용한 사람과 같이 일한 사람 등 지금 생각해

보면 정말 웃음밖에 나오지 않는 부류의 사람들을 차곡차곡 증거 수첩에 담았다. 그중에서도 한국 내에서 사회적 기반이 넓지 않은 재일본 유학생들이 집중적으로 타깃이 되었다. 그들은 한국어에도 그다지 능통하지 못했다.

간첩죄로 백옥광, 김오자, 김철현, 김종태, 최연숙, 김명수, 김원중, 허경조, 이원이, 장영식, 장명옥, 강종헌, 김동휘, 김삼랑이 구속되고, 간첩방조죄로 전병생, 김정미, 노승일이, 반공법 위반으로는 나수현, 박준건, 김준흥, 박명조가 각각 구속 기소되어 총 21명이 송치되었다. 또 12월에는 국군보안사령부에 의해 강종헌, 이철, 이수희, 조득훈, 이동석, 양남국이 추가로 구속되었다. 이 사건은 명백히 검찰에 의한 국가범죄행위였다. 이들 중에는 전혀 죄가 없는 경우도 많았고, 약혼자와

「학원 침투 간첩단 21명 검거」, 『조선일보』, 1975년 11월 23일

1975년 11월 22일 재일동포 간첩단 사건 관련 언론 브리핑 중인 김기춘 당시 중정 대공수사국장

싸우다가 술을 마시고 정신을 잃었는데, 깨어나 보니 귀국선에 타 있었다는 사람도 있었다.

1975년 11월 22일, 중정 대공수사국장으로, 서른여섯밖에 안 되었던 김기춘은 "북괴의 지령에 따라 모국 유학생을 가장하여 암약해온 간첩들이 국내 대학에 침투, 통일혁명당 지도부를 학원 안에 구성했다"고 발표하며, 이른바 학원 침투 간첩단 검거를 선언했다. 이들은 북한을 지지하는 간첩단의 일원으로, 조국의 말도 제대로 하지 못하는 간첩이었다. 그렇게 온갖 간첩단의 간부로 변신해 있는 자신을 보고 얼마나 기가 막혔을까? 얼마나 억울했을까?

재일동포들은 일본에서도 천인 취급을 받고 다시 한국에서도 간첩 취급을 받으니 참으로 죽을 지경이었다. 일본에서 한국인들이 모여 사는 오사카시 이쿠노구, 도쿄부 카나자와시 등에는 긴장감이 감돌았다. 한편, 일본의 양심 사회는 재일 한국인에 대한 간첩 취급에 절대로 가만있지 않았다. 일본 언론은 사건 조작 의혹을 보도했고, 일본인 변호사들은 재일동포를 위한 변호 활동을 했다. 일본의 구원회는 옥중 재일동포들에게 엽서를 보내며 응원을 하고, 구명 활동에 나섰다. 확증은 없었으나 물증 없이 대부분 고문에 의한 자백으로만 판결이 내려졌기에, 재심에서는 대부분 무죄가 확정되었다. 박정희 정권의 하수인 역할을 한 검찰과 대공 부서의 무능함이 드러난 순간이기도 했다.

무죄선고의 순간은 결국 찾아왔다.

2011년 재일 한국인 유학생 간첩 사건으로 4년간 감옥살이를 해야 했던 김동휘 씨(57)가 36년 만에 무죄를 선고받았다. 서울고법 형사8부(부장판사 황한식)는 12월 16일 김 씨가 청구한 보안법 위반 사건 재심에서 기존 판결을 깨고 무죄를 선고했다. 김 씨는 2010년 5월 진실화해위원회로부터 '조사 과정에 불법구금과 가혹행위가 있었다'는 진실규명 결정을 받았고, 이에 재심을 청구했다.[1]

또한 2012년 서울고법 형사5부(부장판사 김기정)는 유신정권 때 '재일교포 학원 침투 간첩단 사건'에 연루되어 징역 7년을 선고받았던 김원중(61) 일본 치바상과대 교수에 대한 재심에서 무죄를 선고했다. 재판부는 "당시 유죄판결을 받은 보안법 위반, 반공법 위반 등의 혐의에 대해 검사가 제출한 증거만으로는 죄를 인정하기 어렵다. 유죄로 인정한 것은 사실 오인 또는 채증법칙 위반에 해당한다"고 밝혔다.[2]

2015년 2월 이철 씨(67)가 무죄판결을 받았다. 40년 전 간첩으로 몰려 사형선고까지 받은 재일동포다. 서울중앙지법 형사합의25부(부장판사 위현석)는 보안법 위반, 반공법 위반, 간첩 혐의 등 이 씨에게 적용된 모든 혐의에 대해 무죄를 선고했다.[3]

---

[1] 「'재일한국인 유학생 간첩 사건' 김동휘 씨 36년 만에 무죄선고」, 『뉴스1』, 2011년 12월 16일.
[2] 「'재일교포 간첩 사건' 36년 만에 무죄」, 『동아일보』, 2012년 3월 30일.
[3] 「'재일동포 유학생 간첩 사건' 이철 씨 재심서 무죄」, 『뉴스1』, 2015년 2월 9일.

2016년 12월 15일 서울고법은 이 사건으로 억울한 옥살이를 한 김명수 목사(현재는 충주 예함의 집에서 목회자로서 봉사 중이다) 등 3명이 청구한 재심 사건에서 무죄를 선고했다. 유죄판결이 내려진 지 꼭 41년 만이었다. 법원은 "피고인들이 수사 과정에서 고문과 구타를 당한 정황이 확인되고, 이에 따른 허위 자백 가능성을 배제할 수 없다"고 선고 이유를 밝혔다.[4]

2020년 9월 29일에는 김준홍 씨(67)가 45년 만에 재심에서 무죄를 선고받았다. 서울중앙지법 형사31부(부장판사 조성필)는 29일 오전 11시, 김 씨 재심 선고 기일을 열고 김 씨에게 무죄를 선고했다. 재판부는 "기록에 따르면 김오자 등 피고인들이 영장 없이 중정에 끌려가 가혹행위를 당하며 진술서를 작성한 사실이 인정된다"며 "수사기관에서 조사한 진술은 임의성이 없는 것으로 의심되나, 이를 검찰이 입증하지 못해 증거능력이 없다"고 지적했다.[5]

2022년 7월 7일 유정식 씨(83)가 47년 만에 재심에서 무죄를 선고받았다. 서울고법 형사2부(부장판사 이원범)는 보안법 위반 혐의로 제기된 유 씨의 재심에서 무죄를 선고했다. 유정식 씨는 1975년 4월 19일 기소되어 탈출, 잠입, 찬양·고무 등의 혐의로 1심에서 사형을 선고받았고, 2심에서 무

---

[4] 「1975년 유학생 간첩단 사건 누명 벗은 목사 3人 "41년 만에 무죄... 이제야 해방감"」, 『국민일보』, 2016년 12월 18일.

[5] 「'부산대 재일동포 간첩단 사건' 마지막 피해자, 45년 만에 재심서 무죄」, 『아주경제』, 2020년 9월 29일.

기징역으로 감형되어 20여 년간 복역했다.[6]

  무죄를 선고받은 순간이 찾아왔지만 1975년 그 차디찬 감방의 기억을 어찌 잊을 수 있으며, 그동안의 온갖 비용과 사회적 냉대, 오해는 또 어찌 보상 받을 수 있을 것인가? 무엇보다 박정희 정권의 권력 남용과 김기춘의 엉뚱한 법 적용, 그리고 의도를 가지고 기획해 용공 조작을 벌인 검찰의 행태에 대해 누구에게 책임을 물을 수 있겠는가? 대한해협 건너 가깝고도 먼 땅 일본에서도 드러났던 우리 한국 검찰의 부패와 무능은 앞으로도 크게 반성해야 할 일이다.

---

6) 「'재일교포 유학생 간첩 조작' 연루 유정식 씨, 47년 만에 재심 무죄」, 『뉴시스』, 2022년 7월 7일.

11 남민전 사건

사건명	남조선민족해방전선 사건
사건개요	1979년 10월 9일 박정희 유신정권 내무부가 반유신단체인 남조선민족해방전선을 적발했다고 발표한 사건. 이 사건으로 그해 11월까지 84명의 조직원이 체포되었으며, 그중에는 이학영, 홍세화, 김남주 등도 포함되었다. 신향식, 이재문에게는 사형이, 나머지 관련자에게는 징역형이 선고되었다. 관련자들은 1988년 12월 형 만기 등을 이유로 전원 석방되었다. 2006년 민주화운동 관련자 명예회복 및 보상심의위원회는 남민전 사건 관련자 중 29명을 민주화운동 관련자로 인정했다.
책임자	이근안(경감, 고문 전문가)

1979년으로 가보자. 우리나라 초기의 논리에 맞지 않는 용공 조작 사건들을 보면서 많이 흥분했을 텐데, 이제 중기의 사건, 즉 박정희 정권 말기부터 전두환 정권 시기까지의 사건을 한번 살펴보면서 또 얼마나 말도 안 되는 사건들이 줄지어 일어났는지 확인해보자.

'남민전 사건', 즉 남조선민족해방전선 사건은 1979년 10월 9일 박정희 유신정부의 내무부가 발표한 공안 사건이었다. 북한과의 연계성을 주장했다는 점에서, 또 고문이 자행되었다는 점에서 이 사건의 신빙성을 의심하는 이가 많다. 박정희 정부는 일단 74명의 관련 의혹자 가운데 20명을 반국가단체 조직 및 간첩 혐의로 검거했고, 나머지 54명을 같은 혐의로 수배했다. 결론부터 말한다.

2004년 의문사진상규명위원회는 "남민전이 당시 검찰과 경찰의 주장처럼 북한 정권과 직접 연결되어 지령을 받고 행동했는지에 대해서 과거 검경 수사를 통해서라도 입증된 증거가 있는가"라는 의문에 "아니오"라고 공식적으로 답했다. 또한 이재문을 비롯한 과거 관련자들도 시종일관 북한과의 관계성을 부인하는 진술만 했다.

검찰과 경찰은 이들이 극좌 혁명적 사회주의, 좌익 민족주의 성향을 가졌다고 발표했다. 꼭 배기성 '역사독립군' 같은 성향이었나 본데, 그럼 간첩인가? 말도 안 되는 주장이다. 혁명 관련자 중 김남주 시인이 폭력혁명을 긍정하고 민중혁명이 일어나면 '민족 반동 세력' 200만 명을 죽여 없애야 한다고 주장했다는 증언이 있었다. 그러나 그에 대한 녹취가 있나?

아니면 그 말을 하는 장면을 찍은 동영상이 있나? 아니면 수백 명, 아니 백만 번 양보해서 수십 명이 그 연설을 듣기라도 했나? 그냥 김남주를 만난 사람 한 명이 그가 감방에서 그렇게 말하는 것을 들었다고 증언했던 것뿐이다. 그런데 무슨 폭력혁명론인가?

1978년 12월부터 서울 강남구 일대 부유층 일가에서 연쇄 절도 사건이 발생했다. 경찰이 이를 수사하던 중 동아그룹 최원석 회장 집이 털렸다. 당시 고문 기술자로 악명 높았던 이근안 경감이 '민주화운동 관련 좌빨 세력들의 연쇄 강도'라고 단정하고 고문 수사를 진행했다. 1979년 4월 29일의 일이었다. 이학영(현 국회 부의장, 더불어민주당 국회의원)과 김남주 시인이 검거되었다. 그들의 행동은 단순 절도가 아니라, 당시의 폭압적 군사정권에서 살아남기 위한, 경제적 기반을 마련하기 위한 행위였다고 노무현 정부 시기의 의문사진상규명위원회에서 밝혀졌다. 이 사건이 소위 민투위 강도 사건이다.

동아그룹 회장 최원석의 강도 상해 혐의로 이학영을 체포, 김남주 등을 수배 중인 상황을 보도한 기사. 「1명은 대학 재학생」, 『조선일보』, 1979년 5월 2일

대공 간첩 사건이나 박정희 반독재 인사들을 때려잡는 일은 (조작을 해서라도) 무조건 중

정이 맡아야 했는데, 이 사건은 경찰(내무부)이 주도해나갔다. 이로 인해 중정부장 김재규는 대통령경호실장 차지철에게 '중정 따라지들'이란 말을 들으며 사사건건 무시당하고, 아주 망신을 톡톡히 샀다. 박정희 대통령의 신임은 당연히 날아갔다. 이 사건은 10·26 박정희 암살 사건의 여러 원인 중 하나로 평가받는다.

남민전 사건의 가장 대표적인 피해자로는 5년형을 선고받은 뒤 군포시에서 국회의원으로 변신, 국회 부의장까지 오른 이학영이 있고, 이 사건의 판결로 대한민국에서 추방되고 프랑스 파리에서 택시운전사를 했던, 『나는 빠리의 택시운전사』의 저자 홍세화도 있다. 또한 최고의 민중 시인 김남주도 이 사건에 연루되어 1988년까지 감옥에 있었다. 이게 용공 조작 사건이라는 것은 분명하다. 도대체 이 훌륭한 젊은이들이 무슨 죄가 있어서 그렇게 혹독한 고문을 당하고, 청춘을 감옥에 갇혀 보내야 했는가? 도대체 저들을 간첩과 좀도둑으로 몰아간 46년 전 우리나라는 과연 어떤 나라였는가?

민주화 세력 측에서는 모두가 좋아하는 김남주 시인의 「노래」는 반대로 박정희, 전두환, 윤석열을 지지하는 태극기 세력에게는 저주에 가깝다. 제목이 변형되어 「죽창가」로 대중에 널리 알려져 있다.

이 두메는 날라와 더불어 꽃이 되자 하네, 꽃이.
피어 눈물로 고여 발등에서 갈라진 녹두꽃이 되자 하네

이 산골은 날라와 더불어 새가 되자 하네, 새가.

아랫녘 웃녘에서 울어 예는 파랑새가 되자 하네

이 들판은 날라와 더불어 불이 되자 하네, 불이.

타는 들녘 어둠을 사르는 들불이 되자 하네

되자 하네 되고자 하네 다시 한번 이 고을은

반란이 되자 하네

청송녹죽 가슴에 꽂히는 죽창이 되자 하네

청송녹죽 가슴에 꽂히는 죽창이 되자 하네

갑오농민전쟁, 아니 동학의 전쟁을 주제로 한 노래 중 김경주 씨가 작곡한 곡은 가수 박준의 목소리로 유명하다. 검사 윤석열이 대선 출마 연설에서, 민주화운동권 전체에 대한 아주 안 좋은 인식을 심어주기 위해 전략적으로 '이념 편향적인 「죽창가」를 부르다 여기까지 왔다'[1]는 식의 말을 했다. 이 발언은 역설적으로 많은 사람에게 '아, 운동권이 되려면 「죽창가」는 부를 줄 알아야 하는구나'라는 인식을 심어주었다. SBS 드라마 「녹두꽃」에서는 전봉준이 일본인에게 사형당하는 장면에 이 노래가 삽입되었는데, 듣고 있으면 정말 비장하고 슬픈 느낌이 든다.

---

1) 「윤석열 "한일 관계 죽창가 부르다 망가져"… 與 "망발"」, 『연합뉴스』, 2021년 6월 29일.

김남주 시인의 또 다른 유명한 작품으로는 1987년 감옥에서 쓴 시 중 하나인 「함께 가자 우리 이 길을」이 있다. 서울대 국악학과 87학번 변계원이 이 시를 우연히 접하고 곡을 만들어, '전국대학생노래한마당'에서 공식 발표하여 큰 관심을 받았다. 이 곡은 '노래를 찾는 사람들'의 합창 버전이 가장 유명하다.

함께 가자 우리 이 길을
투쟁 속에 동지 모아
함께 가자 우리 이 길을
동지의 손 맞잡고
가로질러 들판 산이라면
어기여차 넘어주고

사나운 파도 바다라면
어기여차 건너주자
해 떨어져 어두운 길을
서로 일으켜주고
가다 못 가면 쉬었다 가자
아픈 다리 서로 기대며

함께 가자 우리 이 길을

마침내 하나 됨을 위하여

박근혜 정권 시절, 폭압적인 물대포 진압으로 희생된 백남기 농민 열사가 가장 좋아했던 노래로도 유명하다. '검찰 개혁 촛불문화제'에서도 이 노래는 꾸준히 불리고 있다.

왜 걸작들은 감옥 속에서 꽃을 피우고 열매를 맺는가? 왜 걸작들은 아직도 극우 세력에게는 인정받지 못하는가? 이는 예술이라는 것이 참으로 고약하게도, 군사독재와 분단이라는 시대적 모순이 바위처럼 단단하게 박혀 있는 사회에서만, 그 모순에 처절히 저항하는 시민사회의 울림에서만 피어나기 때문이다. 그러므로 박정희·전두환 군사독재정권이 견고할수록 저항하는 우리의 예술은 더욱 위대하게 뻗어나갈 수밖에 없다.

이것이 민중예술가들의 고난과 고생을 우리가 오늘 이 시대에서 바라보고 합리화하는 하나의 방법이다. 참으로 고약하다. 그렇게 저항하는 순간에도 사랑은 피어났다. 김남주 시인이 1979년에 입건, 구속되었다가 1988년에 풀려났는데, 그를 10년 동안 계속 옥바라지해준 여성이 있었다. 1989년에 두 사람은 결혼식을 올렸다고 한다. 대학, 건강, 좋은 집, 좋은 차, 잘생긴 얼굴, 돈 많고 권력 있는 시댁, 적당한 형제자매, 친할아버지의 권력과 돈, 서울 및 수도권 아파트의 보유 여부 등 오늘날 결혼 조건으로 여겨지는 것들이 김남주의 결혼에는 아무것도 해당되지 않았다. 김남주는 그야말로 '꽝'인 상대였지만 사랑의 힘이란 모든 조건을 말 그대로 파쇄한다.

2부

제물의 시대

12 제주 간첩 조작 사건

사건명	제주 간첩단 사건
사건개요	1960~1980년대 제주도민들을 상대로 벌어진 간첩 조작 사건. 이 사건으로 붙잡힌 피해자들에게는 불법감금과 고문이 가해졌고, 허위 자백이 강요되었다. '제주간첩조작사건피해자조례'를 토대로 현재까지 문헌 조사 등에서 확인된 피해자는 모두 합쳐 87명이다. 2023년 진실화해위원회는 제주 간첩 조작 사건의 피해자 중 한 명인 그(故) 한삼택 씨가 연루된 사건의 진실규명을 결정했으며, 2025년 서울중앙지법은 한삼택 씨에게 무죄를 선고했다.
책임자	신직수(법무부 장관)

1947년 3·1절 기념식 때 제주도 경찰들이 말을 타고 가던 중 어린아이를 말로 치는 일이 일어났다. 그런데 경찰이 뒷수습도 하지 않고 사라지려고 하자, 엄청난 민중이 파출소를 습격하는 사건이 벌어졌다. 그때 총살당한 사람들이 모두 등 쪽에 탄환을 맞은 것으로 밝혀지면서 제주도민들의 분노가 걷잡을 수 없이 터져 나왔다. 경찰이 도망치는 사람들을 향해 총을 쏜 것이었다. 이에 제주도민들은 총파업을 결의했고, 사태는 빠르게 확산되었다.

사실상 이때부터 제주 4·3 사건이 시작되었다. 1954년, 한라산에 선포되었던 금족령이 해제되면서 제주 4·3 사건은 종결되었지만, 6년간 무려 13만 명에 달하는 제주도민과 그 관련자들이 학살당하고, 총에 맞아 죽고, 불에 타 죽고, 겁탈당한 그 억울한 역사는 지금도 제주에서 금기시되는 주제다. 2024년 한강 작가가 한국인 최초로 노벨문학상을 수상하면서 제주 4·3 사건을 소재로 한 그의 작품도 세계의 주목을 받았지만, 극우 태극기 세력과 서북청년단 잔존 세력은 여전히 낙엽 밑에서 준동하는 '지네'처럼 서식하며 제주 4·3 사건을 노려보고 있다.

최근 진실화해위원회가 '제주 간첩 사건'이라는 새로운 개념을 들고 나와 주목받고 있다. 이는 제주 4·3 사건의 연장선상에서 1960년대와 1970년대, 가깝게는 1980년대까지 제주도민들을 간첩·용공 조작 사건의 희생자로 만든 사건들이다.

1967년 북제주군 구좌면의 한 중학교에서 서무주임(행정실장)으로 근무하던 한삼택 씨는 조총련 관계자와 서신을 교류하고, 교장 신축 관사 건립 목적으로 63만 원을 받은 혐의로 구속되었다. 1971년 징역 3년, 집행유예 5년의 판결을 받고 복역했다. 이후 고문 후유증과 감옥 생활에 따른 실직, 그리고 주위의 냉대, 고립감 등으로 생활에 어려움을 겪다가 1989년 숨을 거두었다. 2023년 제2기 진실화해위원회는 진상규명을 결정했다. 한 씨의 유족은 2022년 고인의 재심을 청구했고, 법원은 2023년 5월 재심 개시를 결정했다. 검찰이 항고했지만, 모두 기각되었다. 1심 재심은 2024년 무죄를 선고했고, 검찰이 또다시 항고했으나 2024년 10월, 2심을 담당한 서울중앙지법 형사항소4-3부도 무죄를 확정했다. 검찰은 그제야 항고하지 않았고, 무죄와 형사보상금 지급이 확정되었다. 2025년 7월 24일 관보에 따르면, 서울중앙지법 형사합의51부(재판장 차영민)는 최근 형사보상 청구인인 한 씨의 딸을 비롯한 유족에게 구금에 대한 보상금 총 5,910만 원과 비용에 대한 보상금 513만 3,000원을 지급하라고 판결했다.[1]

2024년 4월 22일 대한민국 진실화해위원회는 1964년 일본에서 제주로 돌아와 농사를 짓던 김양진 씨를 간첩으로 조작한 사건에 대해 재심을 권고했다. 김양진 씨는 1936년경 부모를 따라 일본으로 건너가서 살다가 1964년 고향으로 돌아와 농사를 지었다. 그런데 조총련 출신 강철순이

---

[1] 「법원, '조총련 간첩 조작 사건' 고 한삼택 씨 유족에 형사보상」, 『경향신문』, 2025년 7월 24일.

체포되어 진술하던 중 김양진이라는 이름이 나왔다. 이에 김 씨는 내무부 치안국이라는 곳에 영문도 모르고 끌려가 엄청난 고문을 당하고 고초를 겪었다.

내무부 치안국은 당시 일본에서 공장을 운영하고 있던 김양진 씨의 매형을 조총련 간첩으로 조작하고, 김 씨에게 매형으로부터 공작금을 받았다는 거짓 혐의까지 덧씌워 재판에 넘겼다. 김 씨가 제주도로 돌아와 사람을 포섭하고 다녔다는 없는 죄도 추가했다. 김 씨는 구타를 당하고 잠을 자지 못했으며, 굶주림까지 겪는 등 말로는 다 못 할 모진 행위를 당했다. 이 모두가 제주 4·3 사건의 잔재였다. 김 씨는 이 사건으로 징역 15년을 구형받았고, 결국에는 15년형이 확정되어(진짜 무슨 이런 개 같은 경우가 있나) 1985년에야 가석방으로 출소했다. 공안 당국이 제출한 증거는 트랜지스터라디오 한 대,[2] 불법구금과 고문으로 얻어낸 허위 자백, 그리고 조악한 증거뿐이었지만, 법원은 그대로 로봇처럼 유죄판결을 내렸다. **명백한 용공 조작 사건이자 정당성을 완전히 잃은 재판이었다.**

이 밖에도 수많은 피해 사례가 여전히 재심을 기다리고 있다. 군사독재 시절, 힘없고 가난한 민중에게는 변호사의 문턱이 얼마나 높았겠는가! 검사들은, 또 대공 부서 직원들은 용공 조작 사건을 하나 만들어내기만 하면 승진을 할 수 있었으니 얼마나 많은 피해자를 양산했겠는가. **깨어 있**

---

[2] 「50년 만 밝혀진 진실, 제주 간첩 조작 피해자 김양진 씨 '진실규명·재심 권고'」, 『제주의 소리』, 2024년 4월 22일.

는 민중의 힘으로 이루어낸 우리나라의 민주화가 진정한 결실을 맺으려면, 이분들의 억울함과 분노를 풀어드리고 눈물을 닦아드리는 일이 그 시작이 되어야 한다고 생각한다.

13 김대중 내란 음모 사건

사건명	김대중 내란 음모 조작 사건
사건개요	1980년 5월 전두환 신군부 세력이 김대중과 민주화운동 세력을 내란 음모 혐의로 조작하여 탄압한 사건. 이 사건으로 김대중을 비롯한 24명이 송치되었다. 김대중은 1981년 1월 사형판결을 받았다가 무기징역으로 감형되었다. 이후 20년으로 감형되었다가 1982년 12월 형 집행정지로 풀려나 미국으로 강제 망명을 당했다. 김대중은 제15대 대통령에서 퇴임한 뒤인 2003년에야 사건에 대한 재심을 청구했고, 사형을 선고받은 지 24년 만인 2004년 해당 사건에 대하여 무죄를 선고받았다.
책임자	전두환 신군부 전체 신현확 (국무총리) 노신영 (외무부 장관, 후에 안기부장)

나 배기성 '역사독립군'이 어릴 적 부산에서 클 때 주변에서 항상 들었던 말은 "김대중이는 빨갱이"라는 소리였다. "김대중이 쟈는 전라도 깽깽이고, 빨갱이다. 김일성이하고 붙어먹은 천하의 나쁜 놈이고, 대학을 못 나왔고, 약속을 잘 뒤집고, 맨날 남의 뒤통수를 치는, 한마디로 악마다"라는 소리였다. 이 소리에 맨날 경기를 일으키며 흥분하셨던 분이 우리 할머니였다. 할머니는 항상 절대로 그렇지 않다고, 네가 대학생이 되어 서울로 가게 되면 친하게 지내야 할 사람은 전라도와 충청도 사람들이라고 가르쳐주셨다. 그리고 김대중 씨라는 분은 현명한 사람, 그릇이 아주 큰 사람인데, 지금 박정희의 전통을 이은 전두환이라는 사람 때문에 나쁜 사람이 되어 있다고 말씀하셨다. 나는 할머니의 말씀을 믿고 자랐다. 할머니는 늘 역사와 현실 정치를 함께 공부해야 한다는 것을, 내가 중학교 1학년 열세 살일 때부터 가르치셨다.

그렇다. 부산에서 자란 내 곁에는 편견을 바로잡아 주시는 할머니가 계셨지만, 대구·경북을 비롯한 다른 영남 지역 사람들은 어땠겠는가? 김대중이라는 인물이 사회적 편견과 정치적 오해로 고생할 때, 지금처럼 SNS가 발달되어 있고 유튜브가 사회적으로 압도적인 영향력을 발휘했더라면 이런 식의 오해가 퍼지기 전에 대처할 방법이 있었을 것이다. 그때는 정보의 전달이라는 것이 소위 '반상회' 같은 오프라인 모임을 통해 이루어졌다. 어릴 적 살았던 부산직할시 동구 초량3동 90번지 8통 5반[1]에서 5반 반상

---

[1] 지금 이 주소에는 연립 빌라가 들어서 있다. '나의 살던 고향'은 단독주택이었다.

13 김대중 내란 음모 사건

회가 매달 열렸던 것을 기억한다. 이 반상회를 통해 정기적으로 '뭐가 어떻다더라' 식의 정보가 퍼져나갔다. 지금 생각하면 참으로 웃음이 나오는 방식이다.

정치인 김대중에 대한 오해는 그렇게 뭉게구름처럼 널리 퍼졌다. 그러나 김대중을 전혀 딴판으로 인식하고 있는 무대도 있었다. 바로 국제사회였다. 거기서 김대중은 매우 양심적이고, 매우 똑똑하며, 매우 바른 사람이고, 일본어와 영어에도 능통한 사람이었다(비록 발음은 조금 서툴렀지만). 무엇보다도 박정희·전두환 군사독재정권의 단단한 비민주적 구조에 맞서는 민주화 투쟁의 상징이었다. 전두환은 1979년 군사쿠데타를 통해 1980년 대통령에 오른, 민주적 정통성이 전혀 없는 독재자였다. 그가 김대중에 대해 사형을 집행하려고 했을 때 국제사회의 반응은 아주 냉담했다. 최우방국인 미국과 일본에서는 미국 국무부 법률 담당 특보와 일본 정부가 재판 과정을 주시했고, 미국 CIA 한국지부 관계자는 "김대중 씨에 대한 당신들의 고발이 매우 억지스럽다고 생각한다"라는 경고를 신군부에 직접 말로 전달했다.

레이건 미국 대통령 역시 1980년 7월 4일 김대중이 내란 음모 사건으로 사형을 선고받은 것에 심각한 우려를 표명했다. 그는 1980년 5월 17일 김대중이 체포된 것에 대해서도 '쇼'라는 반응을 보였다. 문제의 5월 17일, 비상계엄이 전국으로 확대되어 신군부는 대규모 병력을 동원해 검거 대상자들을 체포하기 시작했다. 김대중은 학생과 노조의 소요를 배후에서 조종했다는 혐의로 수도경비사령부 헌병단에 체포되었다. 신군부는 애초에 그가 북한의 조종을 받았다는 혐의를 씌우려고 하던 차였다. 그러던 중 마침 5·18 민주화운동이 일어나자 옳거니 하면서 김대중을 여기에 옭아 맸다. 5·18 민주화운동이 내란이고, 그 배후 조종자 내지 주동자가 김대중이라는 해괴망측한 논리였다.

내란 음모 재판으로 공판을 받고 있는 김대중의 모습. 이때 사형 판결이 내려졌다

이 논리는 지금도 태극기 극우 세력에게는 정답으로 간주되고 있다. 그러나 그때나 지금이나, 증거는 결코 제시된 적이 없다. 메모 한 장조차 없다. 당시 전두환 신군부의 최종 목표는 오로지 김대중이었다. 보안사에서는 김대중을 하루 18시간 동안 모욕하고 괴롭혔다. 보안사 대공처장 이학봉은 신군부에게 협력한다는 조서를 써주기만 하면 봐주겠다고 회유했으나 김대중은 차라리 죽겠다며 죽음, 즉 사형을 택했다. 언론도 일치단결해서 전두환 신군부를 도왔다. 신군부에게 반기를 들면 실직과 죽음이,

협력하면 승진과 달콤한 각종 열매가 기다리고 있었다.

　일본 정부는 김대중의 사형을 집행하면 바로 단교하고 북한과 수교하겠다며 전두환을 압박했다. 일본을 비롯한 국내외의 압박으로 결국 사형은 집행되지 못했고, 김대중의 형은 무기징역으로 감형되었다. 외교적 혜안으로 사태를 보고 있던 노신영 안기부장(옛 중정부장)은 김대중을 석방해 미국, 일본과의 외교를 도모해야 한다고 주장했으나 군부의 강력한 반발에 부딪혔다. 결국 미국 망명으로 문제를 해결하기로 했다. 김대중 본인은 미국으로 가는 것을 거부했지만, 노신영의 "미국에만 가면 주변 사람들은 괴롭히지 않겠다"는 회유에 승낙했다. 1982년 형 집행정지와 함께 김대중은 아무도 모르게 미국행 비행기를 탔다.

　처음부터 정치적 목적으로 김대중을 구속했고, 5·18 민주화운동이 일어나자 그 책임자 혹은 희생자를 세워야 했기에 내란 음모 사건으로 공

1982년 12월 23일 형 집행정지로 석방된 후 미국 출국 비행기에 탑승한 김대중 일행

안 조작을 해서 김대중에게 사형을 선고하려 했다. 미국과 일본이 강력히 반발하자 결국에는 미국 망명을 보냈다. 이 모든 걸 지휘한 전두환의 악마성은 참으로 할 말을 잃게 만든다. 우리나라에서 야당 정치인을 이렇게 잔인하게 몰락시킨 게 고작 50년 전, 바로 반세기 전의 일이었다.

그러던 1985년 1월 8일, 김대중은 성명서를 통해 조국의 비민주적 현실을 외면할 수 없다며 귀국 의사를 밝혔다. 1985년 2월 12일은 대한민국 제12대 국회의원 총선을 앞둔, 정치적으로 아주 민감한 때였다. 전두환은 당연히 이에 격노했다. 전두환은 김대중이 귀국할 경우 남아 있는 형기를 집행하겠다고 으름장을 놓았다. **그러나 미국 레이건 행정부는 "만약 그렇게 한다면 4월로 예정된 전두환의 방미 일정에서 정상회담이 불가능할 것"이라며 역시 맞불을 놨다.** 결국 전두환은 가택 연금 조치를 취하겠다며 한발 물러섰지만, 미국 국무부는 보란 듯이 김대중을 한국 민주주의 위기와 관련한 강연에 강사로 불러들여 전두환 정권에 경고를 계속했다.

마침내 1985년 2월 8일, 김대중이 수많은 미국 인사에 둘러싸여 김포공항으로 귀국했다. 전국의 수많은 국민이 이 광경을 뉴스로 지켜봤다. 1983년, 김대중과 마찬가지로 미국에서 망명 생활을 하던 필리핀의 민주화운동가 베니그노 아키노 상원의원은 미국에서 마닐라 공항을 통해 귀국하자마자 전국에 생중계되는 중이었는데도, 경호원들이 함께 있었는데도 마르코스 필리핀 대통령이 보낸 암살조에 의해 기관총으로 암살당했다. 김대중은 같은 비극을 겪으면 안 되었다. 김포공항에 저명한 미국인들이 김대중을 에워싸고 입국하는 진풍경이 펼쳐졌다.

한국에서도 한화갑, 김옥두, 한광옥, 이협, 설훈 등 연청 세력들이 김포공항에 나와 '죽음을 각오한 결사대'를 조직했는데, 미국도 마찬가지였다. 미국 현직 연방 하원의원 토머스 포글리에타와 에드워드 파이건, 지미 카터 행정부의 인권 담당 차관보였던 패트리샤 데리언, 한국 인권문제 운동가 패리스 하비 목사, 한반도문제 전문가 브루스 커밍스 워싱턴대 교수, 전 엘살바도르 주재 미국 대사 로버트 화이트, 국제 법률가위원회 미국협회 회장 윌리엄 버틀러, 전투적 무신론자로 유명한 언론인이자 평론가 크리스토퍼 히친스 등 미국의 저명인사들이 김대중을 보호하기 위해서 한국 김포공항까지 동행했다.

1985년 2월, 미국에서 귀국하는 김대중

군사정권은 민감하게 반응했다. 김포공항 현장은 아주 밀치고 밀리느라 군사독재정부의 명령을 수행하는 경찰 공무원들의 고생이 이만저만이 아니었다. 언론인 히친스는 "미국인들을 한국 정부가 어떻게 대하는지 다 보고 있다. 3년 후(서울 올림픽 때) 우리가 서울 김포공항에 들어올 때도 이러지는 않겠지?"라고 보도하며 촌철살인을 날렸다. 군사독재정권도 서울 올림픽을 언급한 협박에는 어쩔 도리가 없었다. 무엇보다도 이 광경을 지켜보던 대한민국 국민 다수가 난리가 났다. "아니, 평소에 그렇게 나쁜 놈으로 선전하더니, 저리 잘난 미국인들이 함께 목숨을 걸고 보호하지 않는가. 김대중 저 사람 대단한 사람이구먼." 동시에 "전두환, 이 나쁜 새끼"라는 인식이 퍼졌다.

1985년 2월 12일 총선에서는 김영삼, 김대중 두 김씨의 연합 덕분에 어마어마한 신민당 돌풍이 일었다. 전두환 군사독재정권은 사실상 여기서 일차적으로 붕괴했다.

14. 제1, 2차 진도 간첩단 사건

사건명	제1, 2차 진도 간첩단 사건
사건개요	1981년 1월 중정이 어업에 종사하고 있던 김정인이 간첩에 포섭되어 북한에 정보를 제공했다고 발표한 사건(제1차 진도 간첩단 사건). 이 사건으로 김정인은 체포되어 고문 끝에 허위 자백하였고, 1985년 10월 사형당했다. 2010년 재심을 거쳐 김정인을 포함한 관련자 전원이 무죄를 선고받았다. 이어 1981년 7월 31일 안기부는 "24년간 진도에서 암약한 간첩 7명을 검거했다"라고 발표한다(제2차 진도 간첩단 사건). 이 사건으로 박동운을 포함한 일가족이 체포되었고, 박동운은 고문으로 허위 자백을 해 무기징역을 확정받았다. 1998년 광복절 특사로 석방되었으며, 2009년 재심을 거쳐 박동운을 비롯한 관련자 전원이 무죄를 선고받았다.
책임자	여상규(판사), 유학성(중정부장)

1981년 1월, 중정은 10년간 암약했다는 간첩단 활동을 발표했다. 이것 역시 제5공화국 신군부 독재 세력의 간악한 용공 조작 사건이었다. 특히 이 사건, 즉 진도 가족 간첩단 사건은 갖은 구명 노력에도 결국 1985년 10월 31일, 주범으로 몰린 김정인이 사형을 당했다는 점에서 국가권력의 고문으로 인해 무고한 국민이 목숨을 강탈당한, 행정 권력(정보부, 검찰청)과 사법부(판사)의 부끄러운 역사로 남아 있다.

전라도 남해안의 아름다운 섬 진도는 진돗개로 유명하며, 역사적으로는 이순신 유적과, 뭐니 뭐니 해도 고려 시대 삼별초 항쟁으로 유명하다. 최근에는 트로트 가수 송가인 씨의 출신지로 더욱 유명해졌다. 그런데 진도에는 이와 어울리지 않는 '흑역사'도 존재한다. 바로 제1, 2차 간첩단 사건이다. 너무나 무시무시한 이 역사는 또 무엇인가. 1980년 12월 해남과 진도를 연결하는 다리가 착공되어 1984년 10월 18일 완공되었다. 제2진도대교는 2001년 10월 착공되어 2005년 12월 15일 개통되었다. 배로 다니는 교통편은 1985년 공식적으로 폐지되었다. 육지와 이어지는 다리가 완공되면서 이제 진도는 더 이상 섬이 아니라 육지가 되었다.

진도에서 다리가 제1, 2차에 걸쳐 개통되었다고 가족 간첩단도 제1, 2차에 걸쳐서 나온 것인가. 어떻게 1981년 1월에 제1차 간첩단 사건이 일어나고, 그 사건의 여파가 채 가시기도 전인 1981년 7월에 또 제2차 간첩단 사건이 터졌단 말인가? 사건의 개요를 정리해보자.

중정의 발표에 따르면, 41세 어부 김정인 씨는 1960년과 1977년 여덟 차례에 걸쳐 남파된 간첩 박양민에게 포섭되어 총 세 차례 입북했다. 김정인 씨는 진도 일대 해안(침투 루트) 경비 상황, 경부고속도로 상황, 군 복무 당시 얻은 정보, 마을 주민의 성분 및 포섭 대상자 등을 보고했으며, 지하망 구축 방법, 김일성 투쟁기, 공산주의 우월성, 북괴 발전상 및 통신 연락 방법(A-3수신) 등 교양도 받았다. 그는 3회에 걸쳐 공작금 21만 원, 금지환 한 개, 선전 책자 열 권, 라디오 한 대, 조생종 볍씨 다섯 홉 등의 공작 금품을 수수했다. 그리고 가족 관계를 이용해 아버지 김양오, 아내 한화자, 동생 김정수, 외가 친척 석달윤 등과 같이 친목계를 조직하고 간첩 활동을 하다가 적발되어 검거되었다. 김정인의 어머니 박두례와 아내 한화자, 그리고 이모 박공심 등도 간첩 활동을 방조한 혐의로 체포되었다.

1980년 8월 중정은 남파 공작원 오 모 씨에게서 박양민이라는 공작원이 남파되어 공작 활동을 했다는 이야기를 들었다. 그런데 박양민의 고향이 하필 진도였다. 그리고 박양민의 외조카가 바

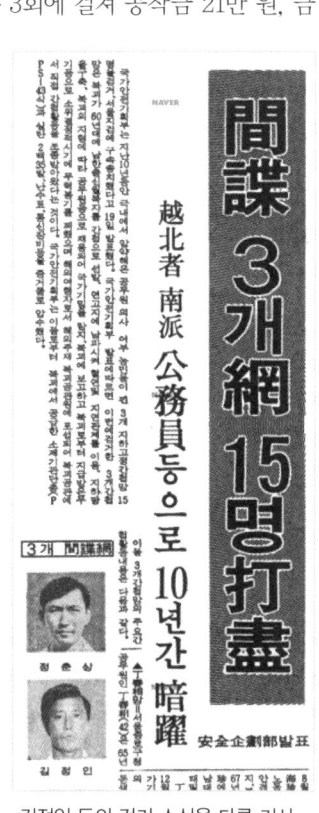

김정인 등의 검거 소식을 다룬 기사.
「간첩 3개 망 15명 타진」,
『경향신문』, 1981년 1월 20일

로 김정인이었다. 중정은 고종 십촌 간인 석달윤도 같은 동네 사람이고, 친구 장제영은 예전에 서울 신촌에서 하숙을 같이한 사이라는 이유를 들어 모두 잡아들였다. 세상에, 이 정도 사실만 가지고 간첩 사건을 조작하다니. 한마디로 깍두기 한 접시만 있어도 한정식 코스를 먹었다고 '뻥'을 칠 녀석들이었다.

일단 김정인이 1964년 5월 북한에 갔다 온 것은 사실이었다. 그런데 금반지 한 개와 트랜지스터라디오 한 대의 행방을 두고 중정과 서울지검이 용공 조작 사건으로 몰고 갔다. 당시 검사의 이름은 알 수 없지만, 서울중앙지법 1심 판사 중에서는 한 명의 이름이 눈에 띈다. 판사 여상규. 바로 문재인 대통령 시절 법제사법위원장을 지내면서 미래통합당 소속으로 악명을 떨쳤던 인물이다. 1심 법원은 1981년 1월 30일 피고 김정인에게 사형을 선고했다. 대법원에서도 사형이 확정되었고, 이후 두 차례의 재심 청구가 모두 기각되었다. 두 번째 재심 기각 결정문이 김정인의 사형 집행(1985년 10월 31일) 1년 후에 교도소로 배달되었다는 사실이 정말 이 재판부와 행정 권력에 대한 분노를 참을 수 없게끔 만든다.

석달윤에 대해서는 서울지검에서 "마을 경비 상황이 어땠느냐"라고 자주 물어봤던 것을 간첩 활동으로 연결 짓는 해괴망측한 논리로 혹독한 고문과 함께 간첩 혐의를 조작하여 재판에 넘겼다. 피고인들은 모두 불법구금 상태에서 수사를 받았다. 원래 48시간 이상 구금해서는 절대 안 된다. 그런데 진실화해위원회가 조사한 결과에 따르면 김정인은 47일, 석달윤은

40일, 박공심은 49일, 장제영은 55일 동안 구금된 상태로 강도 높은 조사를 받았다.

또한 고문도 행해졌다. 다른 피의자들의 사례는 두말할 필요 없고, 특히 **김정인의 어머니 박두례는 중정에서 며느리 한화자와 아들 김정인이 사정없이 두들겨 맞는 것을 보고 정신없이 허위 자백을 했고, 검사 앞에서는 자녀들이 또 맞을까 봐 두려워 허위로 자백했다고 진술했다.**

진실화해위원회는 "피해자들이 중정에서 구타, 물고문 등을 당하면서 허위 자백을 했다고 서울지법 공판에서부터 진실화해위원회 조사에 이르기까지 일관되게 주장하고 있는 점, 수사 기록상 특별한 사정이 없이 10~15년 이상 넘은 일을 일시, 장소, 대화 내용까지 상세하게 시간 순서대로 자백하는 내용의 진술서들을 반복하여 작성한 점, 피해자들이 자신에게 가혹행위를 한 수사관을 정확히 지목한 점, 석달윤의 고문 후유증에 대한 교도관들의 진술, 당시 조사를 받았던 장소의 상태나 가혹행위 등에 대한 피해자들의 진술 내용이 경험하지 못한 사람은 알 수 없을 정도로 구체적이라는 점, 피해자들의 가혹행위 상황이 유사하다는 점 등을 종합하면 수사관들이 부인하는 진술은 믿기 어렵고, 피해자들이 가혹행위 등 강압적인 수사를 받고 자백했을 개연성이 많다고 인정된다"고 결론 냈다.

2007년 6월 29일 진실화해위원회는 김정인, 석달윤 간첩 조작 의혹 사건에 대해 진실규명 결정을 내리고 사건에 대한 재심을 권고했다.

석달윤, 박공심, 장제영은 2009년 1월 22일 재심에서 무죄판결을 받았고, 억울하게 간첩죄를 뒤집어쓰고 고인이 된 김정인은 드디어 2010년 7월 16일, 부인 한화자가 신청한 재심에서 30년 만에 무죄를 선고받았다.

이날 재판부는 이례적으로 판결문에 A4 용지 두 장 분량의 '판결을 맺는 말'을 덧붙였다.

"법원이 사법부 본연의 역할을 다하지 못해 무고한 생명을 형장의 이슬로 사라지게 한 것은 아닌가 회한을 떨칠 수 없습니다. 본 재판부 법관들은 과거 잘못된 역사가 남긴 가슴 아픈 교훈을 깊이 되새기며, 이 사건과 같은 불행이 되풀이되지 않도록 각오를 새롭게 하겠습니다. 이 판결로 인해 이미 고인이 된 피고인의 넋이나마 조금이라도 위안을 얻기를 진심으로 기원합니다."[1]

어허, 그런데 억울함은 여기서 끝나지 않았다. 1981년 7월, 이제는 이름이 바뀐 안기부(이전의 중정)가 또다시 진도에서 가족 간첩단 사건을 발표했다. 이번엔 6·25 전쟁 당시 자진 월북한 진도 출신 박영준이 대남 간첩으로 내려와 1957년 5월부터 1976년 10월까지 여섯 차례에 걸쳐 진도로 침투했고, 큰아들 박동운, 차남 박근홍, 아내 이수례, 동생 박경준, 매제 허현 등을 포섭해 24년간 암약했다는 내용이었다. 박동운은 두 차례

---

[1] 「믿을 수 없는 판결 내린 판사 여상규」, 『오마이뉴스』, 2019년 11월 26일.

에 걸쳐 입북한 혐의로 1심에서 사형을 선고받았으나 최종 무기징역으로 감형되어 복역하던 중 1998년 8월, 18년 만에 가석방되었다. 그런데 이 사건 또한 안기부 직원들과 검사의 고문, 판사의 장난 같은 판결이 빚어낸 용공 조작 사건이었다.

「간첩 박동운 사형 진도 간첩단 선고」, 『경향신문』, 1981년 11월 4일

강제연행 당시에는 당연히 구속영장 발부, 구속 사유 및 범죄 사실 요지 고지, 변호인 선임권 고지 등이 이루어져야 한다. 상식이다. 그런데 그런 사실이 온데간데없었다. 피고인들은 구속영장이 발부될 때까지 60일간 불법구금 상태에서 변호인도 접견하지 못한 채 온갖 고문을 견뎌야 했다.

박동운은 재판 당시의 진술과 항소·상고 이유서 등을 통해 안기부 수사관들로부터 고문 및 가혹행위를 당했다고 주장했다. 구체적으로 "벽에 붙은 세면기에 성기를 올려놓게 하여 신발짝으로 세차게 내려쳤고, 그때마다 까무러치면 찬물을 끼얹었다. 발가벗긴 채 철창에 손목을 묶고 라이터 불로 온몸을 지지고 체모를 태워 고통과 수치심을 주었으며, 족쇄를 채운 채 무릎에 경찰 곤봉을 올려놓고 짓밟았다. 나는 손바닥과 발바닥, 머리, 온몸을 야전침대 몽둥이로 마구 맞고 몇 번을 기절했다. 입고 있던

군복이 피로 물들었는데 송치되기 1주일 전쯤 매일 '안티푸라민' 마사지와 온수 목욕을 시키고, 발가벗겨 공중에 매달고 구타하면서 '시인하지 않으면 네 어머니와 아내를 너와 같은 모습으로 옷을 벗겨 매달아놓겠다. 너 같은 놈 하나쯤 사살해도 염려될 것 없다. 불러주는 대로 유서를 쓰라'고 협박했다. 아내 앞으로 보내는 유서를 강제로 쓰게 하고, 어느 날은 눈을 헝겊으로 가린 채 권총으로 위협하며 밖으로 끌고 나가 나를 표적 삼아 사격 연습을 하려 했다"고 주장했다. 박동운 외에 당시 사건 관련자 전원이 안기부 수사관에 의한 고문 및 가혹행위를 구체적이고 일관되게 주장했다.

검찰수사 과정에서도 안기부 수사관들의 고문에 못 이겨 허위 자백을 했다고 검찰에서 진술했다. 안기부가 증거로 제시한 수첩에는 박동운이 1971년 10월 하순까지 풍국제지 대구사무소에 근무한 것으로 기록되어 있었다. 따라서 안기부가 주장하는 박동운의 월북 날짜인 1971년 10월 3일에는 박동운이 풍국제지 대구사무소에 근무 중이었으므로 두 사실이 동시에 성립할 수 없었다. 이 수첩은 박동운이 월북하지 않았다는 증거로 쓰여야 할 것이었다. 그러나 안기부는 수첩을 법원에 제출하면서, 박동운이 날짜를 조작해 기록했으므로 월북 사실을 은폐할 목적으로 허위 사실을 기재한 것이 곧 박동운이 간첩이라는 증거가 된다고 주장했다.

박동운의 진술에 따르면, 안기부가 처음에는 박동운이 북한에 15~16회 갔다 왔다고 진술서를 꾸미게 했다. 본인뿐 아니라 어머니, 동생, 작은 아버지, 고모부는 물론, 심지어 작은어머니, 고모까지도 북한에 갔다 온 것으로 진술서를 적게 했다. 그런데 나중에 모든 것을 싹 빼고 박동운도 두 번 갔다 온 것으로 축소되었다. **박동운은 호출부호가 뭔지 몰라 안기부 수사관들에게 혼나기도 했는데, 통신 담당 전문가라는 사람이 불려와 3일간인가 생각나는 숫자를 막 쓰라고 하더니 나중에 어떻게 만들었는지 호출부호라는 것을 만들어내기도 했다. 박동운은 난수표라는 것은 본 적도 없다고 진술했다.**

진실화해위원회는 2009년 1월, 박동운 간첩 조작 의혹 사건에 대해 안기부가 박동운을 불법체포·연행한 뒤 구속영장이 발부되기까지 약 63일 동안 변호인의 접견을 차단한 채 안기부 남산 분실에 불법구금하고 구타 등 가혹행위를 가했으며, 검찰에 가서 부인하면 다시 고문하겠다고 위협함으로써 허위 자백을 받아내 간첩죄로 조작했음이 확인된다고 발표했다.

또한 박동운은 남파 간첩을 만나거나 입북한 사실이 없었음에도 수사과정에서 고문과 가혹행위를 견디지 못해 허위로 자백했고, 수사기관과 법원이 조작된 범죄 사실을 인정해 그를 간첩으로 조작했음을 재심 사유로 결정했다.

'제1, 2차 진도 가족 간첩단 사건'은 다음의 사건 유형을 만든 비극적인 사례였다.

첫째, 정작 북으로 갔다는 월북자는 잡지 못한다(본질적인 문제는 해결하지 못한다).

둘째, 대부분의 혐의자에게는 장기간의 불법구금과 고문으로 만들어진 자백만 있을 뿐, 물적 증거가 도대체 없다.

셋째, 연고자 중심으로 수사하다 보니, 그 과정에서 모든 친인척과 지인 관계가 완전히 망가진다.

넷째, 오랜 기간 암약했다는 간첩단이 알고 보면 뭐 경비 체계를 물어봤다는 둥 반지를 받아왔다는 둥 그 혐의 내용이 빈약하기 짝이 없다.

다섯째, 모두 절해고도의 아주 순박한 시골 사람들이 표적이 된다. 이는 변호사 선임 같은 법 기술을 전혀 모르는 사람들이 공안 조작 사건의 대상이 된 나쁜 선례다.

여섯째, 진도 제1차 사건 재판에서 여상규 판사를 제외하고는 어떤 판검사도 나타나지 않았다. 철저한 역사적 은폐였다.

15 학림 사건

사건명	학림 사건
사건개요	1981년 6월, 전두환 신군부가 반독재 민주화를 주장하던 전국민주학생연맹·전국민주노동자연맹 관련자들을 국가보안법으로 처벌한 사건. 이 사건으로 26명의 관련자가 구속되었다. 재판 과정에서 불법구금, 고문 등이 가해졌음이 폭로되었지만 재판부는 이를 배제했다. 이태복은 무기징역, 이선근과 박문식은 각각 징역 7년과 5년을 선고받았으며 이들을 포함해 총 25명이 유죄를 선고받았다. 2010년 이태복 등 24명은 재심을 청구하여 무죄를 선고받았고, 2012년 대법원도 무죄를 확정했다.
책임자	황우여(판사) 유학성(중정부장)

군사독재정권 26년여 동안 정권의 상층에 군인, 검사, 판사, 재벌 등이 있었다면, 정권의 하층에는 중산층과 서민이 있었다. 좀 더 정확하게 들어가자면, 정권의 하층에는 학생과 노동자층이 있었다. 1979년부터 1981년까지 약 3년 동안 대학생과 노동자층의 운동이 격화되었다. 대학생, 즉 서울대, 연세대, 고려대 중심 세력은 무림(霧林) 세력이라 불렸고, 노동자층 중심 세력은 학림(學林) 세력으로 불렸다.

무림 세력이라는 명칭은 스스로 붙인 이름이 아니었다. 1974년 민청학련 사건 때부터 불려온 이름이라는 설도 있지만, 정확하게는 1979년 내무부 경찰 소속의 고문 전문가 이근안 경감이 서울대 77학번 운동권 김명인을 고문하면서 그 뒤를 캐기 위해 무진장 노력했는데 결국 알아내지 못하자, 그 상황을 마치 안개 정국 같다고 하면서 '안개 무(霧)'에 '수풀 림(林)'을 써 무림이라고 불렀다고 한다. 서울대를 중심으로 한 학생들 사이에는 대단한 엘리트의식이 자리 잡고 있었다. 서울대 학생회장이었던 심재철의 현재만 봐도 무림 세력의 보수화 경향을 엿볼 수 있다.

학림 세력은 처음부터 굉장히 미약한 정치 세력이었다. 국민대 출신 이태복(후일 보건복지부 장관 역임)과 전남대 윤상원이 이끌었던 학림 세력은 결국 노동자와의 연대 투쟁을 강조했다. 이는 나중에 이태복이 김대중 대통령의 '국민의 정부'에서 복지노동수석비서관을 지낼 때 '주 5일제' 도입을 주도하고 관철시킨 것만 봐도 알 수 있다.

이 학생운동의 대규모 투쟁 노선을 둘러싼 논쟁 과정에서 내무부 소속 이근안 경감이 1980년대 초에 일으킨 대표적인 용공 조작 사건이 바로 '학림 사건'이었다. 그 이름이 서울 종로의 학림다방에서 사건의 중요 주체인 전국민주학생연합(전민학련)이라는 단체가 처음 모임을 가진 데서 왔다는 설도 있지만, 더욱 근본적으로는 학생운동 내 노선 투쟁 과정에서 학림이라는 용어가 유래되었다는 해석이 타당하다. 이 사건에서 이태복이 주요 피의자 중 한 명으로 지목되었다.

우선 학생들은 모두 불법적으로 오랜 기간 구금되었다. 구금된 동안 온갖 욕설을 다 듣고 모진 고문을 당했다. 학생들에게 변호사 접견 혹은 면담 기회 따위는 약에 쓰려고 해도 없었다. 물고문과 전기고문은 기본적인 고문 수법이었다. **이근안 경감은 일제강점기 친일 경찰이 썼던 고문 기술을 모두 전수받은 사람이었다. 그는 자신이 전수받은 기술을 1,000퍼센트 활용했다. 특히 여성 피의자에 대한 강간 위협은 정말 많은 피의자의 저항 의지를 크게 꺾는 수단으로 작용했다.**

법정에서 이러한 고문 사실이 모두 폭로되었으나 당시 모든 검사와 황우여 판사 등은 이를 못 들은 체하며 모두 배제해버렸다. 그리고 유죄를 선고했다. 1977년 노동전문서적 출판사인 광민사를 창업해 대학생운동과 노동운동의 접목을 꾀했던 청년 사업가 이태복에게는 무려 무기징역이 선고되었다. 이 사건의 대표적인 피의자였던 민병두(전 열린우리당 국회의원)는 고문경찰 이근안에게 전기고문을 당했다. 이근안은 당시 선정적 잡지로 유명했던 『선데이 서울』을 보면서 편안한 자세로 전기고문기의 볼트 조절기를 올렸다 내렸다 반복했다고 한다. 구타와 잠을 재우지 않는 고문을 가한 것은 물론이었다.

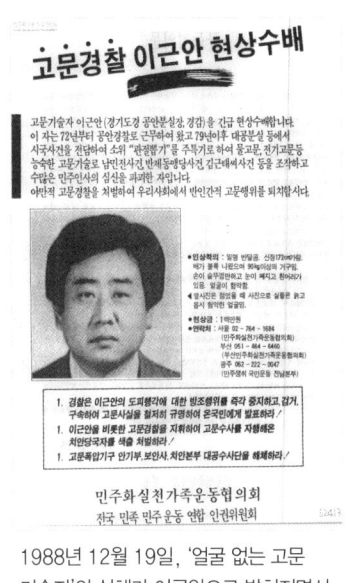

1988년 12월 19일, '얼굴 없는 고문기술자'의 실체가 이근안으로 밝혀지면서 수사가 지시되자 이근안은 사표를 내고 10년 10개월간 도피했다. 이에 민주화실천가족운동협의회는 고문경찰 이근안 현상수배 전단을 제작했다

그 이듬해인 1982년, 형이 그대로 확정되었다. 그리고 이태복 등은 국내에서 철저히 잊힌 존재가 되었다. 그런데 세계적으로는 외면받은 것이 아니었던 모양이다. 1986년 엠네스티 국제본부가 그를 '세계의 양심수'로 선정했고, 같은 해 가톨릭 신자였던 그는 김수환 추기경으로부터 직접 탄원서를 받았다. 그 덕분인지 결국 1988년 10월 3일 개천절에 특사로 가석방되었다.

2000년 국무총리 직속 '민주화운동 관련자 명예회복 및 보상심의위원회'는 이 사건을 민주화운동으로 인정했으며, 2009년 진실화해위원회는 이 사건을 '공안 조작 사건'으로 규정하고 국가가 피해자 및 가족에게 사과하고 재심 등의 조치를 취할 것을 권고했다.

이에 따라 이태복 등 피해자 24명이 서울고법에 재심을 청구했고,

2010년 무죄판결을 받았다(사건번호: 2009재노81, 2010재노21). 2012년 상고심에서도 무죄가 확정되었다(2011도730).

검찰은 이번에도 결코 반성하지 않았다. 기어이 1심 재심 무죄판결에 승복하지 않았고, 재심까지 가서야 결국 물러섰다. 검찰, 그들이 말했던 사회의 건강한 정의와 공정의 구체적인 개념이 도대체 무엇이었는가?

슬프고도 분노가 치민다.

16 부림 사건

사건명	부림 사건
사건개요	1981년 9월 전두환 정권의 통치 기반을 위해 부산의 민주 세력을 반국가단체로 조작한 사건. 부산의 학림 사건이라는 의미로 '부림 사건'이라는 이름이 붙었다. 이 사건으로 부산 지역 독서 모임 회원 22명이 구속되었고, 짧게는 20일에서 길게는 63일간 살인적 고문을 받아 허위 자백하였다. 법원은 피고인 모두에게 징역 5년에서 7년 사이의 중형을 선고했다. 2014년 재심을 거쳐 대법원은 부림 사건 피해자 5명에 대해 무죄를 확정했다.
책임자	고영주(공안검사) 최병국(공안검사)

'부림 사건'은 부산에서 일어난 학림 사건이라는 뜻으로, 1981년 9월 부산에서 벌어진 용공 조작 사건이다. 이 사건을 계기로 노무현 변호사는 공적 삶을 살아가는 공생애에 투신하게 되었다. 부림 사건은 **제5공화국에서 통치 기반의 안정성을 다질 목적으로 안기부, 검찰청 공안부 등에서 기획한 사건이었다.**

1981년 9월, 부산 지역 양서협동조합에서 사회과학 독서 모임을 갖던 학생과 교사, 회사원 등 22명을 공안 당국이 영장도 없이 일제히 체포해 불법구금하고 고문한 뒤 기소했다. 검찰수사는 빵빵한 전력의 공안검사 최병국과 고영주가 맡았다. 공안검사의 업무는 크게 둘로 나뉜다. 그중 하나는 빨갱이들 때려잡는 것이고, 그리고 또 하나는 뒤에 나오는 '초원복국 사건'에서 공개하겠다. **공안검사들이 실적을 올리려면 대규모 공안 사건을 만들어야 했다. 학생운동권이나 기업 노조가 딱 좋은 먹잇감이었다.**

아무리 그래도 혐의가 없는 사람을 빨갱이로 잡아들일 수 있을까? 에이, 아무리 그래도 그럴 수는 없지? 아니다. 무에서 유를 만들고, 안 되면 될 때까지 몰아쳐야 한다. 사회적으로 힘없는 중산층과 서민을 주요 대상으로 삼되, 불법적으로 영장도 없이 체포하는 건 기본이었고, 구속 기한? 그런 건 모른다. 체포할 때 미란다 원칙 고지? 그게 어느 나라 법에 있는 건데? 그리고 잡아왔으면 무조건 두들겨 패고, 전기고문도 하고, 물고문도 하고, 안 재우고, 형사 앞에서 발가벗기고, 성고문도 하고 뭐 그래야지, 그런 거 안 하고 조작 수사에서 어떻게 '내가 빨갱이입니다'라는 진술을 받아낼까?

그러고 나서 기소를 딱 해가지고 미리 재판부하고 입만 딱 맞춰놓고, 1심에서 사형 혹은 무기징역만 받아버리면, 우리 공안검사들 인사고과에, 승진에 얼마나 좋은지 모른다. 그리고 부장검사까지 해놓고 변호사 개업 하면, 아주아주 좋은 사건들 맡아서, 해당 검찰청, 법원 앞에서 한 4년, 5년 마음 놓고 가격 높게 불러가면서 돈 벌 수 있지. 그럼, 그럼. 그러려고 온 집안 응원 받아가며 사법고시 힘들게 붙었잖아. 안 그래?

변호사 김광일과 노무현도 비슷한 처지였다. 내 주머니 불리는 것이 시급한 사람들이었다. 그런데 부림 사건의 변호를 맡으며 눈앞에 펼쳐진 현실은 말도 안 되는 것뿐이었다. 이럴 수는 없었다. 이렇게 죄 없는 사람들이 억울하게 감옥에 갇히는 건 말이 안 된다. 이들이 왜 맞아야 하는

1979년 변호사 시절의 노무현. 부림 사건 피해자의 변호를 맡았다.
이후 통일민주당 국회의원을 거쳐 제16대 대통령직을 수행했다

가? 왜 이렇게 잔인하게 잠도 안 재우고 조사를 하는가? 게다가 이 학생, 이 직장인더러 갑자기 빨갱이라고?

1979년 부마민주 항쟁 때부터 부산의 민주화운동을 변호하던 김광일 변호사는 대구지법 판사 출신이었다. 부림 사건 변호에 합류한 노무현 변호사 역시 대전지법 판사 출신이었다. 이 두 변호사가 의기투합해서 부림 사건을 담당하게 되었다. 그것도 무료로 말이다.

피의자들은 모두 영장도 없이 체포, 구속되었고 대공 분실에서 짧게는 20일, 길게는 63일 동안 구타와 물고문, 통닭구이고문 등 살인적인 고문을 당한 뒤 용공 혐의가 조작되었다는 것이 변호인들의 핵심 주장이었다. 일반적인 독서 모임이 반국가단체 활동으로 둔갑해서 공산주의 찬양 활동으로 변모했다. 술집에서 둘이 만난 것이나 친구 개업식에 선물을 들고 찾아간 것도, 망년회를 한 것도 모두 사회 불안을 야기할 우려가 있는 집회로 규정되어 처벌을 받았다. 이 사건은 김영삼 문민정부가 들어선 이후, '전두환 정권 초기 저항 세력에 대한 탄압을 위한 본보기로 조작된 사건'이라는 정치적 면죄부는 획득했지만, 법률적으로는 보안법 위반 사건으로 남아 있었다. 1999년 11월, 피의자들이 재심을 신청했으나 2006년 1월 기각되고 말았다.

2009년 8월 부산지법은 피해자 중 7명에 대해서는 집회 및 시위에 관한 법률 위반 혐의를 면소하고, 계엄법 위반 혐의에 대해 무죄를 선고했으나, 나머지 4명의 재심은 기각했다. 2014년 2월에는 보안법 위반 혐의에 대해서도 무죄가 선고되었다. 검찰은 집회와 시위에 관한 법률과 계엄법 위반에 대해서는 상고를 포기했지만, 보안법과 반공법 위반 건에 대해서는 상고를 검토 중이라고 했다. 이는 학생들과 직장인들이 반공법 위반 혐의를 맹신해서 상고하는 것이 아니고, 애초에 1981년 반공법 위반 판정을 내린 주체가 대법원이었기 때문이다. 2014년 9월 대법원은 부림 사건 피해자 5명에게 무죄를 확정했다.

2014년 12월, 부림 사건과 유사하게 보안법 위반 등의 혐의로 기소된 김 모에 대해 서울북부지법 형사5단독 변민선 판사는 재심에서 무죄판결을 내렸다. 1982년, 징역 2년 6개월을 선고받은 김 모는 E. H. 카의 『역사란 무엇인가』, 『러시아 혁명사』, 『사회사상사』 등을 읽었다는 이유로 고문당하고 강압에 의해 "북한에 동조하는 이적활동을 했다"고 자백했다.

판사는 판결과 동시에 **"과거 권위주의 정권 시절, 사법부가 가혹행위를 눈감고 인권의 마지막 보루로서의 역할을 하지 못한 점에 대해 깊이 사과드린다"**고 피고인에게 사죄했다.

17 구미 유학생 간첩단 사건

사건명	구미 유학생 간첩단 사건
사건개요	1985년 9월 9일 전두환 정권 안기부가 미국 웨스턴일리노이대학교의 유학생들과 재미교포 등이 북한 공작원에게 포섭되어 국내에서 간첩 활동을 벌였다고 발표한 사건. 이 사건으로 2명에게는 사형이, 13명에게는 무기징역을 포함해 실형이 선고되었다. 1998년 김대중 정부가 관련 수감자들을 광복절 사면으로 석방했고, 2020년 2월 14일 재심에서 이들에게 무죄가 선고되었다.
책임자	전두환(대통령) 장세동(안기부장)

1985년 2월 12일에 치러진 제12대 국회의원 선거는 전두환 정권에 완전히 등 돌린 민심을 그대로 보여주었다. 당시 선거제도가 여당에 극히 유리하게 짜인 구조, 특히 전국구 의석 배분에서 야당에 불리한 방식이어서 민주정의당이 과반을 유지하기는 했다. 그러나 김영삼과 김대중의 극적 만남이 2월 8일 성사되었고, 특히 김대중이 오랜 미국 망명 생활을 마치고 돌아올 때 미국 정치인, 하원의원, 언론인, 외교관 등이 모두 김대중을 보호하기 위해 마치 벽처럼 둘러서 김포공항에 들어오는 모습(사진)이 생중계되었다. 이 장면은 전 국민에게 '미국이 김대중 편에 있다'는 인식을 주기에 충분했다. 곧 김대중, 김영삼의 신한민주당은 소위 '신민당 돌풍'을 일으키며 관제야당인 민주한국당을 제치고 제1야당으로 떠올랐다.

미국 정치인들에게 둘러싸여 김포국제공항으로 귀국하는 김대중

'폭풍 같은 귀국(A Stormy Homecoming)', 『뉴스위크』, 1985년 2월

전두환과 신현확, 그리고 장세동은 큰 불안감을 느꼈다. 특히 미국이 정치인까지 동행시켜 김대중을 돕는 모습은 제5공화국 신군부 군사정권

에 불안감을 안겨주기에 딱 좋은 것이었다. 이후 국내 정치에서 신민당 김영삼의 자금줄인 국제그룹을 말 그대로 하루아침에 공중분해시켰다.[1] 그래도 전두환 정부는 마음을 놓지 못했다. 국제그룹 양정모 회장이 미국에서 자동차 사고로 사망한 외동아들의 장례식에 가느라 전두환이 소집한 재벌 선거 자금 회의에 참석하지 못했고, 이 일 때문에 전두환에게 제대로 찍혔다는 이야기가 있다. 정말 인두겁을 쓴 악마가 따로 없다.

장세동은 미국 웨스턴일리노이대에 우리나라 국비 장학생들이 많이 가 있다는 점에 착안해 용공 조작 사건을 하나 기획했다. 동아자유언론수호투쟁위원회(동아투위) 해직 기자로 미국에서 『해외한인보』 등을 편집한 편집인 서정균이라는 인물을 이용해, 그가 극렬 학생들에게 포상금을 줬다는 혐의를 만들어 그들을 잡아들이면 된다는 생각이 들었다.

미국 웨스턴일리노이대 유학생이었던 양동화, 김성만, 황대권, 이창신 등이 이 사건의 희생양이었다. 이들은 길게는 65일간 남산 안기부에서 강제조사, 고문 조사를 받았다. 그 결과, 양동화와 김성만은 사형을, 황대권과 강용주는 무기징역을 선고받았다. 나머지 15명도 모두 실형을 선고받았다.

이 중 주목할 것은 강용주의 진술이다. 나머지 유학생들이 모두 풀려나왔는데도 강용주는 끝까지 전향서나 반성문을 작성하지 않아 1999년 2월에야 사면되었다. 그는 안기부의 주장과 달리 혁명을 획책하거나 무

---

1) 1985년 2월 21일 오전 10시에 국제그룹이 해체되었다는 보도가 나왔다.

장봉기를 하려는 마음이 전혀 없었다고 했다. 김일성에게서 물품이나 지령, 지시를 받은 적도 없다고 했다. 오로지 안기부에서 두 달 가까이 폭력과 고문을 받은 끝에, 결국 견디지 못하고 그들이 시키는 대로 했을 뿐이라고 말했다. 안기부에서는 강용주에게 '이렇게 저렇게 했다고 이야기해라'라고 지시해놓고 얼마 지나지 않아 다시 질문을 했는데, 그때 제대로 답하지 못하면 그 내용을 외울 때까지 때렸다고 했다.

전두환과 장세동에게 유학생들의 안전 따위는 아무것도 아니었다. 오로지 제5공화국 정권의 안전, 그것만이 중요했다. 2020년을 전후해 이 사건에 대한 재심이 일제히 이루어지기 시작했다. 양동화, 김성만, 황대권, 이원중은 2017년 서울중앙지법에 재심을 청구했고, 법원은 재심 개시를 선언했다. 그 결과, 황대권은 무죄를 확정받았고, 김성만은 2020년 8월 서울고법에서 무죄를 선고받았다. 검찰은 그때도 자기 죄를 반성하지 않았고, 대법원에 상고했으나 상고를 기각당했다.

서울중앙지법은 2020년 2월 14일, 검사가 제출한 증거들은 위법하게 수집된 증거들이고, 증거능력이 없거나 증거능력이 인정된다 하더라도 제출된 증거들만으로는 양동화, 김성만, 황대권, 이원중에 대한 공소사실이 인정되지 않는다는 이유로 모두 무죄로 판결했다.

이에 검찰이 양동화, 김성만의 무죄판결에 대해 항소했으나 2020년 8월 21일 서울고법은 현 보안법 해석 원리를 들어 국가의 존립 안전이나 자유민주적인 질서에 실질적인 해악을 끼칠 명백한 위험성이 있는 경우에

한해 적용되어야 한다며, 검찰의 항소 이유가 해당됨이 없다고 보고 이를 기각했다. 2021년 7월 29일 대법원도 검찰 상고를 기각했다.

1986년 서울 아시안게임과 1988년 서울 올림픽이라는 초대형 국가 행사를 앞두고 제5공화국 신군부 정권의 선택은 결국 용공 조작 사건이었다. 그것도 1967년에 한 번 재미를 본 해외 간첩단 조작 사건이었다. 그때는 윤이상, 이응노 등 해외 유명 예술인이었다면, 이제는 무명의 유학생들이었다. 그때는 유럽이었다면, 이제는 우리의 최우방인 미국이었다. '미국이 김대중 편에 선다면, 우리 편을 들어주지 않는다면, 더 이상 미국마저도 우리(제5공화국)의 우방이 아니다.' 이것이 당시 정권의 해괴망측한 의지였다. 그리고 그 의지의 선봉장은 검사들이었다.

검사들은 사건을 안기부로부터 넘겨받아 수사를 사실상 지휘했다. 모두 말도 안 되는 조작 사건임이 분명한데도, 피의자들을 사형 혹은 무기징역의 실형으로 재판에 넘기는 기소행위를 저질렀다. 2020년에 치러진 재심에서도, 문재인 정부였음에도 불구하고 검찰은 "피고인들은 간악한 계급·혁명의식을 고취하고, 무장봉기를 획책했다"며 유죄 의견을 굽히지

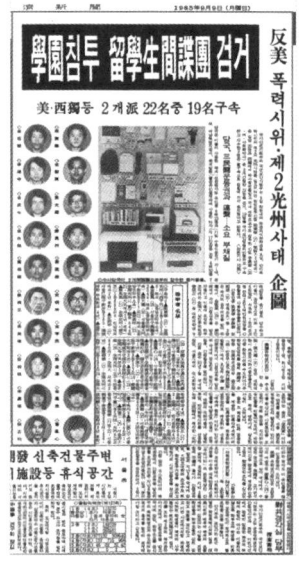

「학원 침투 유학생 간첩단 검거」, 『매일경제』, 1985년 9월 9일

않았다. 고등법원에서 무죄판결이 나자, 검찰은 대법원에 유죄 취지로 상고까지 했다. 그야말로 각주구검(刻舟求劍, 강물에 배를 띄워 노닐다가 칼을 강에 빠뜨렸는데, 칼을 찾기 위해 엉뚱하게도 배에다가 표시를 한다), 즉 시대의 변화를 전혀 읽지 못하고, 구시대의 인식만을 가져다 쓰는 어리석은 집단 논리의 상징을 보여주었다 하겠다.

민교투 사건 18

사건명	민족민주교육쟁취투쟁위원회 사건
사건개요	1986년 9월 서울특별시경찰청이 교사들의 민주교육운동 열기를 잠재우기 위해 교사들의 소모임을 국가보안법 위반 혐의로 구속 기소한 사건. 이 사건으로 서울대학교 사범대를 졸업한 교사 6명과 지영근 씨 등 7명이 구속되었다. 불법구금, 고문, 강압적 자백 유도 등이 가해졌으며, 교사 6명 중 5명이 유죄를 선고받았다. 2021년 피해 교사 5명이 이 사건이 불법구금과 고문에 의해 조작된 사건임을 주장하며 재심을 청구했고, 2023년 서울지법은 피해 교사 5명에게 무죄를 선고했다.
책임자	주대경(공안검사)

2023년 10월 12일 오전, 서울중앙지법 이태우 판사는 소위 '민족민주교육쟁취투쟁위원회(민교투) 사건' 관련자 5명에 '무죄'를 선고했다. 재판부는 보안법상 이적표현물 소지 및 탐독 혐의와 집회 및 시위에 관한 법률(집시법) 위반 혐의(불법시위 선동 등)와 관련해, 영장 없이 불법으로 이루어진 구금과 압수, 수색, 그리고 고문 등 가혹행위로 확보한 증거는 증거능력이 없다고 판단한 것이 무죄 선고의 이유라고 밝혔다.

1986년 9월 이 사건을 보도한 신문은 「좌경의 씨앗 뿌리는 교사들」이라는 제목의 사설을 실었다. 사건의 피해자 중 한 사람인 교사 송원재는 훗날 "국가권력이 시민의 생각을 감시하고 재단하며, 마음만 먹으면 언제든 폭력을 행사해 하루아침에 삶의 터전을 파괴할 수 있음을 보여준 국가폭력의 야만성을 드러낸 사건이었다"고 회고했다.

1986년 5월 10일 '교육민주화선언' 이후 교사들의 민주화운동이 거세게 확산되자, 당시 정권은 이 열기를 잠재우기 위해 교사들의 공부 소모임을 마음대로 이적단체로 규정하고 사건을 조작했다.

같은 해 9월, 서울특별시경찰청은 서울대 사범대를 졸업한 교사 6명과 교사 노현설(양화중), 이상대(당산중), 이장원(봉화중), 송원재(당곡고), 한상훈(강서중) 등을 비롯해 지영근 씨 등 모두 7명을 보안법 위반 혐의로 구속했다. 이 사건으로 피고인 7명 중 5명이 유죄판결을 받았다. 당시 주임 공안검사는 주대경 검사였는데, 바로 현 국민의힘 국회의원 주진우의 아버지다. 아들인 주진우 국회의원 역시 검사 출신으로, 윤석열 정부에서 대통령실 법무비서관을 지낸 경력이 있다.

주대경 검사가 공판에 들어가기 전 피의자들을 불러, "절대로 고문받았다는 사실, 수사 과정에서 부당하게 당했던 일을 알아서 말하지 말라. 말하면 어찌 되는지 알지 않느냐?"라며 협박, 회유한 사실도 드러났다.

용공 조작 사건은 불법체포, 불법구금, 불법고문, 변호사 접견 제한 혹은 금지, 불법기소, 법정에서의 피해자 울부짖음 무시, 최고 중형(사형 혹은 무기징역) 선고 등이 세트로 나오는 사건이다. 그야말로 없는 것을 있는 것으로 만들어내야 하기 때문에, 단순한 사안을 완전히 중한 사회악으로 만들어야 하기 때문이다. 민교투 사건의 피의자들도 마찬가지였다. 그러하기에 재심을 청구하는 것조차 쉽지 않았고, 또 재심이 진행되더라도 무죄판결을 얻기는 더더욱 어려웠다.

37년 만에 무죄판결을 받은 5명의 교사는 이날 11시 서울중앙지법 정문 앞에서 기자회견을 열고, "정권의 사건 조작으로 관련 교사들은 물론 온 가족이 오랫동안 고통을 받아왔다. 37년 만에 '보안법 위반자', '이적행위자'라는 누명을 벗게 되어 기쁘다"라고 소감을 전했다. 이어 1986년 당시 민교투 사건을 담당했던 경찰, 검찰 등 수사 당국의 공개 사과를 요구했다. 그러나 당시 이 사건을 담당했던 주대경 전 검사는 당연히(?) 아무런 반응도 하지 않았다.

여기서 민교투 사건의 쟁점이 되었던 보안법 제7조가 무엇이며, 왜 악법인지 살펴본다.

국가보안법 제7조(찬양·고무 등)

① 반국가단체나 그 구성원 또는 그 지령을 받은 자의 활동을 찬양·고무 또는 이에 동조하거나 기타의 방법으로 반국가단체를 이롭게 한 자는 7년 이하의 징역에 처한다.
② 국외공산계열의 활동을 찬양·고무 또는 이에 동조하거나 기타의 방법으로 반국가단체를 이롭게 한 자도 제1항의 형과 같다.
③ 제1항 및 제2항의 행위를 목적으로 하는 단체를 구성하거나 이에 가입한 자는 1년 이상의 유기징역에 처한다.
④ 제3항에 규정된 단체의 구성원으로서 사회질서의 혼란을 조성할 우려가 있는 사항에 관하여 허위사실을 날조·유포 또는 사실을 왜곡하여 전파한 자는 2년 이상의 유기징역에 처한다.
⑤ 제1항 내지 제4항의 행위를 할 목적으로 문서·도화 기타의 표현물을 제작·수입·복사·소지·운반·반포·판매 또는 취득한 자는 그 각항에 정한 형에 처한다.
⑥ 제1항 내지 제5항의 미수범은 처벌한다.
⑦ 제1항 내지 제5항의 죄를 범할 목적으로 예비 또는 음모한 자는 5년 이하의 징역에 처한다.

모든 보안법은 이제 사문화된 경향이 있어 폐지가 답이다. 특히 찬양·고무행위를 처벌하기 위한 제7조는, 연구 목적으로 소지했던 것인데도 각종 책자와 유인물을 이적표현물로 매도해 수많은 이를 억울하게 감옥살이 하게 만든 법적 근거가 되어왔으므로 즉각 폐기되어야 한다는 비판이 지속적으로 제기되었다.

오른쪽 자료를 보면 알 수 있듯이, 1996년 10월 4일 헌법재판소의 위헌 심사부터 2023년 9월 26일 재판에 이르기까지 우리 사회는 보안법 제7조의 존폐를 놓고 약 30년 동안 치열하게 싸워왔다. 2023년 최종 결정은 재판관 4인 합헌, 5인 위헌이었다. 재판관 6인 이상 위헌 혹은 합헌의 결과가 나와야 법이 바뀌는데, 한 표가 모자라는 기막힌 상황이다. 현재 발생하는 보안법 위반 사건의 90퍼센트 이상이 이 제7조 찬양·고무 조항 위반과 관련되어 있다. 따라서 이 조항만 삭제하더라도 보안법은 사실상 사문화되어 법 구실을 할 수 없게 될 것이다.

'국가보안법 제7조' 역대 헌법재판소 판단
(1991년 5월 개정 이후)

① 1996년 10월 4일 　합헌　 8:1 　위헌

② 1997년 1월 16일 　합헌　 8:1 　위헌

③ 1999년 4월 29일 　합헌　 8:1 　위헌

④ 2002년 4월 25일 　합헌　 9(전원일치)

⑤ 2004년 8월 26일 　합헌　 9(전원일치)

⑥ 2015년 4월 30일 　합헌　 8:1 　위헌
(7조 제1항 중 '동조' 부분)

　합헌　 6:3 　위헌
(7조 제5항 중 '소지·취득' 부분)

⑦ 2018년 3월 29일 　합헌　 6:3 　위헌
(7조 제5항 중 '소지' 부분)

⑧ 2023년 9월 26일 　합헌　 6:3 　위헌
(7조 제1항)

　합헌　 6:3 　위헌
(7조 제5항 중 '제작·운반·반포한 자' 부분)

　합헌　 4:5 　위헌
(7조 제5항 중 '소지·취득한 자' 부분)

• 재판관 6명 이상 동의 시 위헌 결정

자료: 헌법재판소

19 부천경찰서 성고문 사건

사건명	부천경찰서 성고문 사건
사건개요	1986년 6월 부천경찰서 경장 문귀동이 노동 현장 위장 취업으로 연행된 여학생을 성고문한 사건. 피해자 권인숙이 문귀동을 고소하자 문귀동은 피해자를 맞고소했으며, 조영래 등 변호사 9명이 문귀동을 포함한 부천경찰서 경찰 6명을 고발했다. 검찰은 문귀동을 기소유예하고 권인숙에게 징역 1년 6개월을 선고했다. 이후 6월 항쟁이 일어나며 권인숙은 가석방되었고, 1989년 재수사가 추진되어 문귀동에게 징역 5년이 선고되고 피해자에게 위자료를 지불하라는 판결이 내려졌다.
책임자	서동권(검찰총장) 김경회(공안검사) 문귀동(경찰)

1986년은 우리나라 민주화의 과도기였다. 서울에서 86아시안게임이 개최되었고, 그동안 절대 금기시되었던 소위 중공(중화인민공화국)이 대회에 참가하는 등 사회적으로 견고하던 군사독재정권의 얼음이 조금씩 녹거나 깨져가는 시기였다. 그러나 아시안게임이 열린 1986년 9월 전까지는 여전히 강력한 군사 통제 시기였다. 그 통제가 깨어 있는 시민들에게 제대로 체감되었던 것은 언론을 통해서였다. 당시 언론은 엄중한 보도지침이라는 통제 장치 아래 움직이고 있었다.

가령 실제로 무슨 일이 어떻게 벌어졌는지 우리 시민들은 방송이나 신문과 같은 언론을 통해서만 알 수 있었는데, 그 언론이 권력의 등에 올라타 권력이 시키는 대로 모든 사안을 비틀어서 전달하면 우리 시민들은 그 왜곡된 시각으로 모든 것을 볼 수밖에 없었다. 1980년대를 지배했던 전두환 신군부, 이른바 제5공화국 세력들은 그렇게 시민의 눈을 가리고 귀를 덮었다. 시대적 양심을 전달하기로 한 일부 아주 눈곱만 한 '진짜' 기자들이 신문과 방송사의 보도지침을 어기고 대대적으로 저항했던 사건이 바로 '부천경찰서 성고문 사건'이었다. 이들이 이 사건에 대한

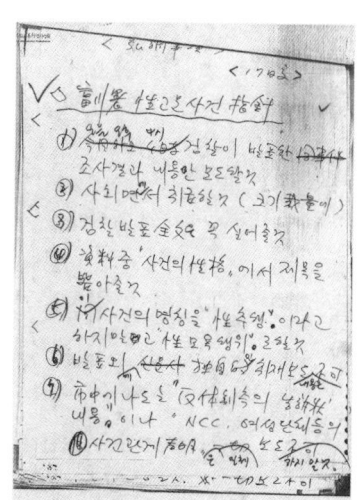

1986년 7월 17일 자 부천경찰서 성고문 사건 관련 보도지침

19 부천경찰서 성고문 사건

보도지침을 어기고 폭로하면서, 무려 6년 동안이나 언론이 아니라 제5공화국 공안 세력들이 우리나라를 좌지우지했다는 사실이 드러났다.

1986년 5월 3일, 인천에서 대규모 민주화 시위가 일어났다. 이 시위는 당연히 대대적인 공안 탄압을 불러왔다. 시위가 격렬해지면서 신민당과 운동권 세력 사이의 신뢰는 당연히 또 깨졌다. 이 틈을 비집고 들어온 전두환 정권은 인천 남동공단과 온수공단을 중심으로 가혹한 탄압을 감행했다. 당시 인천 공단에는 대학생 출신 위장 취업자가 많았다. 이들은 대학 생활을 누리다가 노동대중의 아픔을 이해하고자 했던 소위 '학출'이었다. 그중 한 명이 허명숙이라는 이름으로 위장 취업을 했던 권인숙 양이었다.

권인숙 양은 원래 서울대 의류학과에 다니는 학생이었는데, 당시 공장에 취직하기 위해서는 가명을 쓰고 위조 신분증을 내야 했다. '오버 스펙'이라고 받아주지 않았기 때문이다. 공문서 위조 혐의는 항상 그녀를 따라다니는 죄명이었다. 여기에 5·3 인천항쟁의 지도부 격인 인물들이 모조리 도망 다니자 공안 당국은 혈안이 되어 수사에 나섰다.

권인숙은 1986년 5월 21일 위장 취업을 했다. 그리고 6월 4일 밤, '무슨 노동자가 방 안에 책을 그렇게 쌓아두고 보나?'라는 의심을 품은 통장이 권인숙을 신고했다. 권인숙은 주민등록증 위조 혐의에 대해서는 물론, 5·3 인천노동자항쟁 지도부의 행방에 대해서도 취조를 받았다. 6월 6일, 인천 부천경찰서장이 매우 분노해 당시 수사과 조사계 소속 문귀동 경장에게 수사를 맡겼다. 그리고 6월 6일과 7일, 권인숙은 4층 조사실에서 성고문을 당했다.

수사 중인 여성 피의자의 생식기를 드러내고, 거기에 조사과장 문귀동의 성기를 여러 차례 비비는 최악의 성고문이 자행되었다. 권인숙은 처음에는 자살을 시도했으나, 혀를 깨무는 심정으로 버티기를 작정했다. 성고문 소식이 감방 안에 퍼지자, 교도소 내 다른 양심수들이 일제히 식사를 거부하는 단식투쟁을 벌였다. 권인숙도 6월 28일부터 단식에 돌입했다. 1986년 7월 3일, 권인숙은 문귀동을 강제추행 혐의로 인천지검에 고소하며 진상규명을 촉구했다. 그러나 부천경찰서는 권인숙을 공문서 변조 및 동행사, 사문서 변조 및 동행사, 절도, 문서 파손 등의 혐의로 구속 기소했고, 문귀동은 권인숙을 명예훼손 혐의로 인천지검에 고발했다. "독실한 기독교도인 내가 그럴 리가 있겠나?"라는 희대의 망발도 곁들였다.

이제 변호인단이 등장한다. 조영래, 박원순, 천정배, 이상수 등 9명이었다. 이들은 7월 5일, 문귀동 경장과 부천경찰서장 옥봉환 등 경찰 6명을 독직폭행 및 가혹행위 혐의로 고발했다. 그러자 문귀동이 또다시 권인숙을 맞고소하면서 이 사건은 이제 전국적인 사건이 되었다.

권인숙 측의 고발에 대해 당시 김경회 인천지검장은 처음에는 박철언 안기부장 특별보좌관의 지원 아래 문귀동 경장을 소환해 조사하는 등 성실히 수사했으나(그래서 사건 실체를 다 파악했지만) 서동권 검찰총장이 돌연 수사 축소를 지시하자 7월 16일, 사건 당시 성고문은 없었고 오로지 폭행만 존재했다고 발표했다. 더불어 문귀동이 이 폭행 사실을 반성하고 있으며, 10년 동안 경찰로 성실하게 근무했으니 이쯤에서 덮고 봐주자고 말했다.

검찰과 권력의 보도지침을 충실히 따른 기사의 예.
「성적 모욕 없고 폭언·폭행만 했다」, 『조선일보』,
1986년 7월 17일

권인숙에게는 "권 양의 '성 모욕' 주장은 급진 좌경 세력이 상습적으로 하는 의식화 투쟁의 일환으로, 혁명을 위해서라면 성까지도 도구화하며 수사 과정에서 '성 모욕'이란 허위 주장으로 공권력을 무력화시키려는 술책이다"[1]라는 요지의 주장이 전달되었다. 한마디로 '이게 다 용공 분자들의 계획적인 수작이다. 네가 잘못한 것이다'라는 색깔론적인 주장이었다. 장세동 안기부장의 보도지침으로 알려져 있다.

그도 그럴 것이, 수사 당국에서 성고문 방식으로 수사했다는 사실이 인정되면 그야말로 전 세계적인 개망신이 될 터였다. 어떻게든 이 사건을 축소하고 무마하기 위해 치안본부는 문귀동 경장을 파면하고, 옥봉환 부천경찰서장과 조사계장 박성룡 경위 등을 경질하는 선에서 사건을 마무리했다.

---

1) 「성적 모욕 행위 없었다」, 「반정부 확산 노린 조작극」, 『경향신문』, 1986년 7월 17일.

이런 식의 마무리에 반대하는 신민당, 민주화추진협의회, 민주통일민중운동연합, 여성단체, 종교단체가 7월 19일 정권 규탄 대회를 열었지만 경찰은 이 대회를 원천 봉쇄했다.

1986년 9월 1일 변호인단 199명이 인천지검에 재정신청을 제기했는데, 사흘 뒤 인천지검 측은 이를 기각하고 서울고검에 송치했다. 서울고검도 30일 만에 재정신청을 기각했다. 10월 1일 변호인단이 서울고법에 재정신청을 냈으나 10월 31일 서울고법 측은 성고문 사실은 인정하면서도 재정신청은 기각했다. 10월 23일에는 법관기피 신청조차 기각되었다. 11월 7일 변호인단이 대법원에 재정신청 재항고까지 냈으나 뒤집기에는 실패했다. 12월 4일 인천지법은 권인숙에게 공문서 변조 등의 죄를 적용해 징역 1년 6개월을 선고했다. 권인숙이 서울고법에 항고했으나, 1987년 3월 항소마저 기각되었고, 4월에는 권인숙 본인과 변호인단이 대법원에 상고 포기서를 제출하면서 결국 권인숙의 1년 6개월 징역형이 확정되었다.

『조선일보』는 철저하게 보도지침을 따랐다. 1987년 7월 18일 『조선일보』 사회부 평가자들이 제출한 의견서에 따르면, 사건 당시 편집국에서는 "어떻게 다 큰 처녀가 자기가 성폭력을 당했다는 사실을 남에게 내세울 수 있느냐. 보호해줄 가치가 없다"라는 이야기가 오갔다. 다른 언론사들도 마찬가지로, 7월 16일 부천경찰서 성고문 사건에 대한 검찰수사 발표를 전후해 문화공보부 산하 고위 관료의 주관하에 '간담회' 명목으로 부산, 도고온천 등에 놀러가서 해당 사건 보도 협조에 관한 대가로 거액을 받아

챙겼다. 법원 출입기자들도 마찬가지였다. 우리 시민들의 눈과 귀가 이 모양이었는데, 그때 당시 시민들은 도대체 무엇을 믿고 살았던가?

조영래, 박원순, 홍성우, 이상수 등 9명의 변호인단은 이 와중에도 끈질기게 진실을 파고들었다. 마침내 1988년 1월 '재정신청 조속 처리 촉구 서한'을 대법원에 제출했고, 법원은 같은 해 1월 29일 재정신청을 수용했다. 문귀동은 4월 9일 구속된 뒤 7월 23일 인천지법에서 징역 5년과 자격정지 3년을 받

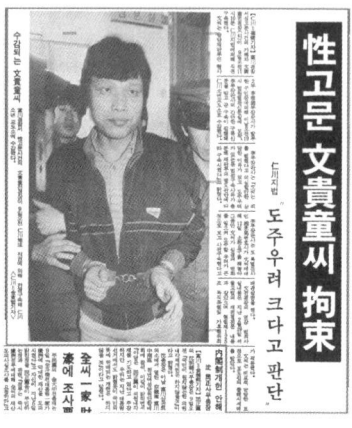

「성고문 문귀동 씨 구속」,『동아일보』, 1988년 4월 9일

아 교도소에 수감되었다. 문귀동은 항소했으나 그해 12월 6일 서울고법 및 1989년 3월 14일 대법원에서 모두 기각되었고, 특별검사가 임명되어 이 사건을 담당하게 되었다.

권인숙은 6·29 선언 직후인 1987년 7월 8일, 양심수 석방 여론에 따라 석방되었다. 1988년 들어서야 국가를 상대로 한 손해배상 청구가 진행되었다. 1989년 6월 13일 권인숙에게 위자료 3,000만 원을 배상하라는 판결이 내려졌다. 권인숙은 이에 항소했고, 1990년 1월 배상액이 4,000만 원으로 증액되었다. 3개월 뒤인 4월에야 대법원은 2심 판결을 확정했다.

홍콩 수지 김 간첩 조작 사건 20

사건명	수지 김 간첩 조작 사건
사건개요	1987년 1월, 남편 윤태식에게 살해당한 김옥분(수지 김)을 안기부에서 간첩이라고 명명하며 벌어진 사건. 윤태식은 아내를 살해한 후 북한, 미국 대사관을 거쳐 대한민국 대사관에 가 '아내가 북한 간첩이다'라고 주장했다. 안기부는 이 사건을 간첩 사건으로 조작하여 윤태식을 처벌하지 않고 출국 금지 후 방면했다. 2000년부터 해당 사건의 재조사가 이루어졌고, 안기부의 조작과 은폐가 있었음이 밝혀지며 윤태식은 15년 6월의 징역을 선고받았다.
책임자	장세동(안기부장)

1987년 1월 홍콩에서 우리나라 교포 김옥분(영어 이름: 수지 김)과 남편 윤태식이 소위 부부 싸움을 했다. 윤태식이 상습적으로 거짓말을 하고 사업 자금을 요구하면서 벌어진 싸움이었다. 당사자들은 심각했겠지만, 주위 사람들의 눈에는 부부 사이에 흔히 있는 다툼, 이른바 '칼로 물 베기'처럼 보였다. 그런데 1월 3일 윤태식이 길고 격한 다툼 끝에 아내를 살해하고 말았다.

덜컥 겁이 난 윤태식은 곧바로 홍콩에서 싱가포르로 날아가 북한 대사관에 망명을 신청했다. 북한 대사관에서는 윤태식이 살인범이라는 사실을 바로 눈치채고 그대로 쫓아내버렸다. 이어 윤태식이 찾아간 곳은 싱가포르 주재 미국 대사관이었는데, 그곳에서도 당연히 쫓겨났다. 미국 대사관은 오히려 한국 대사관에 연락해 "거동이 수상한 자가 대사관을 찾아왔는데, 아무래도 여기 오기 전 북한 대사관과 먼저 접촉한 것으로 보인다"고 말해주었다.

결국 한국 대사관으로 온 윤태식은 "너 누구냐"라는 직원의 질문에 "아내인 수지 김은 북한의 간첩인데, 남편인 나를 데리고 강제로 납북하려고 했다. 그 몸싸움 과정에서 아내를 죽였다"고 엄청난 거짓말을 하고 말았다. 보안법을 잘 알았던 윤태식이 당시 보안법 제21조 제3항을 원용해 거짓말을 한 것이었다.

> **국가보안법 제21조(상금)**
>
> ① 이 법의 죄를 범한 자를 수사기관 또는 정보기관에 통보하거나 체포한 자에게는 대통령령이 정하는 바에 따라 상금을 지급한다.
> ② 이 법의 죄를 범한 자를 인지하여 체포한 수사기관 또는 정보기관에 종사하는 자에 대하여도 제1항과 같다.
> ③ 이 법의 죄를 범한 자를 체포할 때 반항 또는 교전상태하에서 부득이한 사유로 살해하거나 자살하게 한 경우에는 제1항에 준하여 상금을 지급할 수 있다.

이로써 이 사건은 초점이 완전히 바뀌었다. 즉, 부부 싸움 끝에 아내를 살해한 살인범 윤태식에서 고정간첩으로 위장한 아내를 체포 시도 끝에 어쩔 수 없이 살해한 영웅 윤태식으로 한순간에 탈바꿈하는 그런 파렴치한 왜곡이 벌어진 것이었다. **안기부는 이 모든 것을 처음부터 파악하고도 윤태식의 주장을 받아들였다.** 당시 안기부장은 '나는 새도 떨어뜨리는' 막강한 권력자 장세동이었다.

1987년 당시 한국의 정치 상황을 알면 이 사건이 왜 이렇게까지 조작되었는지 이해할 수 있다. 그 전해 10월 건국대에서 엄청난 규모의 반정부 시위가 벌어졌고, 1986년 서울 아시안게임을 치른 뒤 한국 사회는 반군사독재 시위, 대통령 직선제 요구로 홍역을 치르고 있었다. 또한 1987년 1

월 14일에는 그 악명 높은 박종철 군 물고문 치사 사건까지 일어나 정부는 반(反)전두환에 쏠린 국민의 시선을 황급히 다른 곳으로 돌려야 했다. 이러한 배경에서 안기부장 장세동은 하나의 용공 조작 사건을 기획할 필요를 느끼고 있었고, 이 지점에 윤태식이 나타난 것이었다. 윤태식은 싱가포르에서 한국 김포공항으로 들어오면서, 철저히 해외 공작원에게 교육받은 대로 씨부렁거렸다. 바짝 겁먹은 표정으로, "이제야 서울에 온 것 같습니다"라든지, "너무 무서워가지고 말을 못 하겠어요"라며 영화배우 뺨치는 연기를 펼쳤다.

수지 김(김옥분)의 시체 발견 소식을 보도한 기사. 「김옥분 여인 아파트에서 변시로」, 「동아일보」, 1987년 1월 27일

한편, 홍콩에서는 우발적 살인 쪽으로 사건의 전말이 밝혀지고 있었다. 사시사철 매우 덥고 습한 홍콩에서 수지 김의 시신은 빠르게 부패하며 심한 악취를 풍겼다. 이로 인해 시신이 조기에 발견되었는데, 사체에는 외부 흔적이 전혀 없었고, 이웃들의 증언도 늘 수지 김이 남편과 싸움을 벌였다는 점을 뒷받침했다. 홍콩 경찰은 당연히 한국으로 도주한 윤태식의 행방을 추적했고, 그의 신병 확보를 한국 측에 요청했다. 이에 외교부는 즉각 윤태식의 신병을 넘기겠다는 의사를 표명했으나

안기부장 장세동은 "대공 용의자의 신병을 우리 안기부가 먼저 확보했으니 조사를 다 마친 뒤에 넘기겠다"는 희한한 논리를 대며 윤태식을 보내주지 않았다.

억울하게 죽음을 맞이한 수지 김은 충북 충주에서 1남 6녀라는 대가족의 둘째 딸로 태어났다. 가난한 집안 형편 탓에 미군 기지를 전전하며 윤락업에 종사했다. 결국 홍콩 남성과 만나 이주해 결혼하지만 이혼을 하고, 이후 또 한 명의 남성을 만나 결혼했다가 다시 이혼했다. 세 번째 만난 남자가 바로 윤태식이었다. 그는 수지 김보다 여섯 살이나 어렸고, 자신이 육사 출신이라고 거짓말을 했으며, 그 열등감으로 늘 수지 김에게 사업 자금을 마련해오라며 폭력을 휘두르는 못난 남자였다.

그런 남자한테 비운의 죽음을 맞이한 것도 모자라, 이제는 미인계를 쓴 희대의 간첩으로 거짓 선전되었다. 특히 언론들은 안기부의 보도지침대로 온갖 허위 정보를 마구 써대며 퍼뜨렸다. '여간첩 수지 김'은 연일 언론의 헤드라인을 장식했다. 홍콩 현지에서는 "수지 김은 한국에서 떠드는 것처럼 여간첩이 아니라, 그냥 살인 피해자일 뿐이다"라는 정식 보도가 많이 나왔지만, 당시 한국에서 그런 보도는 저기 바다 멀리 있는 한 나라의 푸념 같은 소리였다.

1987년 1월 김포공항을 통해 입국한 윤태식은 그 이후 잘 먹고 잘 살았다. 안기부와 정치권의 커넥션을 이용해 '패스21'이라는 보안업체를 운영했는데, 국회의원들, 언론계 등 각계 인사들에게 주식을 엄청나게 뿌려

대면서 로비를 벌였다. 이는 결국 '윤태식 게이트'라는 사회적 파장을 불러왔다. 검찰은 공소시효 만료 50일을 남겨두고 그를 구속했다. 이때 윤태식은 수지 김 살인 사건 재판에서 폭행치사죄로 기소되었는데, 이 죄의 공소시효는 7년이었다. 따라서 그는 거의 처벌받지 않았다. 검찰도 이를 용인했다.

수지 김의 유족들은 분노했다. 그들은 1987년 1월 사건 발생 이후 2001년까지 간첩 가족으로 끊임없이 안기부의 감시를 받으며 지옥 같은 삶을 살아야 했다. 수지 김의 어머니는 실어증을 앓다가 1997년에 세상을 떠났고, 5명의 여동생과 언니는 직장에서 쫓겨나거나 행려병자로 사망했으며, 그중 3명은 시댁의 강요로 이혼했다. 심지어 이종 조카 한 명은 간첩의 핏줄이라는 이유로 시댁 고모들에 의해 멀리 떨어진 사찰에 버려져 8년 동안이나 고아로 자랐다. 또한 수지 김의 유일한 오빠는 윤태식을 형사 고소한 지 4개월 만에 트럭이 뺑소니를 내어 발생한 충돌 사고로 의문사했다.

결국 법무법인 해마루의 전해철 변호사가 나섰다. 당시 분노의 핵심은 윤태식이 수지 김을 폭행치사했다는 점에 있었다. 즉, 그 공소시효가 7년에 불과해 분노가 컸다. 그러면 공소시효 자체를 없애면 되지 않겠나? 국가기관, 특히 안기부의 농간으로 그동안 수사와 조사에 방해를 받았으니 '국가기관의 의도적 방해는 공소시효 적용에서 제외되어야 한다'라고 바꾸면 윤태식을 처벌할 수 있겠다는 논리가 섰다.

윤태식에 대한 재수사가 시작되었고, 검찰은 징역 18년이라는 중형을 구형했다. 최종적으로는 15년 6개월의 징역형이 선고되었다. 1987년 이후 수지 김의 가족들은 수지 김의 묘소에 가는 것을 엄격하게 금지당했다. 홍콩 경찰은 수지 김을 무연고 묘지에 묻을 수밖에 없었다. 유족들은 수지 김의 유해가 변변한 비석 하나 없이 다른 사람들과 뒤섞여 아무렇게나 묻혀 있는 것을 보고 오열했다. 어느 것이 수지 김의 유해인지 알 수 없었던 유족들은 그 흙을 가져다가 고향의 어머니 묘소에 뿌리는 것 외에 할 수 있는 일이 없었다.

이 사건으로 안기부는 엄청난 타격을 입었다. 국민 신뢰도가 바닥으로 떨어지다 못해 오히려 지하로 처박혔다. KAL858편 사건, 일명 김현희 사건[1]은 완벽히 북한 간첩의 소행이었는데도 "너희가 조작한 거 아니야?"라는 의심이 빗발쳤다.

2003년 8월 21일, 이제는 이름이 바뀐 국정원에서 "고인의 명복을 빌며, 당시 안기부가 사건을 조작한 데 대해 공식적으로 사과한다"고 발표했지만 국민적 불신은 조금도 치유되지 않았다. 국가가 개입해서 개인의 인생은 물론이고, 개인의 신뢰, 더 나아가 가족과 친인척의 신뢰, 인생까지 모조리 망쳐놓았지만, 당시 안기부장 및 싱가포르 대사관 관계자, 언론 관계자, 검찰 관계자 등 사건 관련자들은 아무런 처벌이나 재판 없이 넘어갔다.

---

1) 1987년 11월 29일 북한 공작원 김현희 등에 의해 대한항공(KAL) 858기가 미얀마 안다만 해역 상공에서 폭파된 사건. 서울 올림픽 개최를 방해하기 위해 북한에서 일으킨 사건으로, 탑승자 115명 전원이 사망했다.

3부

공포의 시대

문익환 목사 방북 사건 21

사건명	문익환 목사 방북 사건
사건개요	1989년 3월 전국민족민주운동연합 상임고문인 문익환 목사 일행이 북한의 초청을 받아 평양에 방문한 사건. 문익환 목사는 김일성과 두 차례 회담을 갖고 합의 성명을 발표했다. 정부는 이들이 귀국하자마자 구속영장을 집행해 구속·수감했으며, 공안합동수사본부를 조직해 재야단체와 인사들에 대한 전면 수사에 나섰다. 이후 문 목사는 징역 7년을 선고받고 복역하다 1993년 사면되었다.
책임자	주대경(공안검사)

1989년 3월 25일, 윤동주와 송몽규의 친구로 유명하고, 국회의원 문동환의 친형이자, 영화배우 문성근의 아버지인 문익환 목사가 평양을 방문하고 돌아온 사건이 터졌다. 문익환 목사에게는 남북통일보다 중요한 것은 없었다고 해도 과언이 아니다. 그보다 앞선 1987년 7월 9일, 연세대 국문과에 다니다가 최루탄에 머리를 강타당해 사망한 고 이한열 열사의 장례식에서 문익환 목사는 이한열 열사 및 군사독재정권에 맞서 희생된 모든 이를 초혼(招魂)하는 예배를 집전했다. 온 국민이 보는 가운데 진행된 이 장례식은 모두에게 큰 감동을 주었으며, 민주화운동의 상징적 장면으로 남았다.

「문익환 목사 북한 방문」, 『한겨레』, 1989년 3월 26일

문익환 목사는 그 감동 그대로 통일운동을 이어가기 위해 북한을 방문했다. 김일성과 만나고 돌아왔는데, 대한민국의 분위기는 싸늘하기만 했

다. 대한민국 정부와 공식적인 상의 없이 이루어진 무단 방북이었기 때문이다. 돌아온 문익환 목사는 '반국가단체 잠입죄'로 보안법 위반 혐의가 적용되어 곧바로 구속되었다.

당시 문익환 목사는 전국민족민주운동연합(전민련)의 상임고문이었으며, 북한 조국평화통일위원회의 초청을 받아 1989년 3월 25일부터 4월 3일까지 방북한 것이었다. 이 기간에 김일성 주석과 두 차례 회담을 갖고 통일문제를 논의했으며, 4월 2일 평양 인민문화궁전에서 기자회견을 열어 '자주적 평화통일과 관련된 원칙적 문제 9개 항'이라는 제목의 합의 성명을 발표했다. 이 회담은 반(半)공개로 진행되었는데, 분단 이후 반공개로 진행된 회담은 이번이 처음이었다.

합의 성명의 구체적 내용은 다음과 같다.

1. 민족 대단결의 3대 원칙에 기초한 통일문제 해결
2. 정치·군사 회담 진전을 통한 남북의 정치·군사적 대결 상태 해소와 동시에 다방면의 교류·접촉 실현
3. 연방제 방식에 의한 통일 추진
4. 팀스피릿 한미 군사훈련 반대

1987년 6·29 민주화선언 이후 해빙 분위기를 타고 군사독재 체제의 억압적인 분위기가 하나둘씩 걷혀가고 있었다. 그런데 이 시기에 문익환 목사가 평양에서 김일성과의 단독 회담을 열어버렸다. 노태우 정부는 그

야말로 난리가 났다. 전국의 공안검사들은 "왜 이 사태를 미리 막지 못했느냐"고 대통령으로부터 엄청난 비난과 힐책을 들어야 했다. 이때 소설가 황석영도 문익환 목사의 평양행에 동행했다는 이야기가 들려왔다.

문익환과 황석영은 일본을 거쳐 1989년 4월 13일 김포공항을 통해 귀국했다. 정부의 대공 공안검사팀은 문 목사 일행을 보안법상 지령 수수, 잠입·탈출, 회합·통신, 찬양·고무 등의 혐의로 즉시 구속했다.

노태우 정부가 내세운 대북 창구 단일화 원칙을 정면으로 비판하면서 이루어진 문익환 목사 일행의 방북은 정부에 커다란 충격을 주었고, 강경한 대응을 불러왔다. 정부는 "문익환 목사 등의 평양 밀행은 김일성 집단의 일관된 대남 분열 정책의 소산이며 반국가적 행동"이기 때문에 구속 수사한다는 방침을 밝혔다.

이 사건을 계기로 정부는 공안합동수사본부를 설치해 재야단체·인사들에 대한 전면적인 수사에 나섰고, 이 과정에서 북한과 교류, 접촉을 시도하던 리영희, 고은, 이재오, 이부영, 조성우 등이 보안법 위반 혐의로 구속되었다.

문익환 목사 사건 1심을 주관한 검사는 앞서 '민교투 사건'을 맡았던 주대경 공안검사였다. 그는 문익환 목사에게 보안법 위반 혐의를 적용해 무기징역을 구형했다.

세월은 흘러 1994년 1월 18일, 문익환 목사는 생을 마감했다. 그는 민주화를 가로막는 장벽, 그것은 분단이라고 지적했다. 분단이 독재의 명분

이 되었기 때문에, 우리 사회의 민주화가 어렵다고 판단했다. 따라서 민주화운동과 통일운동은 결국 하나일 수밖에 없다고 말했다. **공안검사가 겨냥했던 '적'은 결국 민주화운동가와 통일운동가였다. 따라서 이제는 공안검사, 아니, 검사가 사라져야 한다.**

임수경 방북 사건 22

사건명	임수경 평양축전 참가 사건
사건개요	1989년 대학생 임수경이 평양에서 개최된 세계청년학생축전에 참여한 뒤 판문점으로 귀환하다가 체포된 사건. 임수경은 천주교 정의구현사제단 문규현 신부와 함께 판문점으로 귀국했지만, 보안법 위반 혐의로 체포되어 안기부의 조사를 받았다. 대법원은 임수경에게 징역 5년, 자격정지 5년을 선고했다. 임수경은 복역 중 1992년 특별 가석방되었다.
책임자	노태우(대통령)　　김경희(공안검사)

'문익환 목사 방북 사건'의 사회적 충격이 채 가시기도 전에, 이번에는 한 무명 대학생이, 그것도 여대생 한 명이 통일운동을 내세우며 북한을 방문한 사건이 터졌다. 주인공은 한국외국어대 프랑스어과 4학년이었던 임수경 양이었다. 그는 이후 '통일의 꽃'이라고 불리게 되었다. 임수경은 북한의 김일성이 대한민국의 서울 올림픽과 서울 아시안게임을 견제하기 위해 자체적으로 벌인 국제 행사, 세계청년학생축전이라는 이상한 대회에 한국 대표로 선발된 것이었다.

임수경 양의 방북 소식과 임 양의 편지를 보도한 기사.
「남해안 간댔는데 이럴 수가」, 『동아일보』, 1989년 6월 30일

임수경은 천주교 정의구현사제단 소속 문규현 신부와 함께 일본 관광을 다녀온다며 출국했지만, 독일을 거쳐 1989년 6월 30일 북한 평양에 입국했다. 세계청년학생축전에 참여했던 북한 시민들에게 엄청난 환영을

받으며 무려 8월 15일 광복절까지 북한에 머물렀다. 이 사건이 아니었더라면 아무도 몰랐을 임수경이라는 젊은 여대생은 이 사건이 있고 나서 전 국민이 다 아는, 아니 전 세계에 모르는 사람이 없을 정도로 알려진 인물이 되었다. 참으로 놀라운 일이 아닐 수 없었다.

임수경이 김일성을 만나 감격하며 뛰어다니고 우는 모습, 혁명열사릉에 가서 진심으로 참배하는 모습을 보며, 두 달 전 문익환 목사가 동일한 행동을 했던 것과 비교하는 사람이 많았다. 임수경은 1984년 사랑하는 둘째 오빠를 잃었다. 군대에서 의문사한 것으로 추정되었다. 왜 죽었을까? 사인을 명확하게 밝히지 못하는 대한민국 군대에 도저히 신뢰가 가지 않았을 것이다. 사회운동에 적극적으로 나서게 된 계기였다.

1988년 7월 7일, 민주화운동 세력에게 반가운 소식이 들려왔다. 10월에 있을 서울 올림픽을 앞두고 정부가 공산권 국가에 대한 관계 개선 조치를 내놓은 것이었다. 7·7 선언이라고 불린 노태우 정부의 공식 성명은 다음과 같은 말로 마무리되었다.

"나(노태우)는 이상과 같은 우리의 조치에 대해 북한 측도 적극 호응해 줄 것을 기대합니다. 북한 측이 이에 대해 긍정적인 자세를 보여온다면 보다 전진적인 조치를 취해나갈 것임을 아울러 밝혀둡니다. 나는 오늘의 이 선언이 통일을 향한 남북 간의 관계 발전에 새로운 장을 여는 계기가 되기를 바랍니다. 6,000만 우리 겨레 모두가 슬기와 힘을 모은다면, 이 세기가

가기 전에 남과 북은 하나의 사회적·문화적·경제적 공동체로 통합될 수 있을 것입니다. 이러한 바탕 위에서 우리는 머지않아 하나의 나라로 통일하는 위업을 달성할 수 있다고 확신합니다."

정치인, 경제인, 언론인, 종교인, 문화·예술인, 학자, 체육인, 학생 등 남북 동포 간의 상호 교류를 적극 추진하며, 해외 동포들이 자유롭게 남북한을 왕래하도록 하자는 말에 전국대학생대표자협의회(전대협) 의장 임종석은 귀가 번쩍 뜨였다. 내년 평양 세계청년학생축전에 우리 대학생 대표를 하나 뽑아서 보내자. 분명히 학생이라고 하지 않았는가?

1988년 노태우 정부의 7·7 선언은 결과적으로 1989년 4월 문익환 목사의 방북과 그해 6월 임수경의 방북으로 이어졌다. 정부가 내놓은 선언이 우리 민족의 통일 욕구를 정면으로 자극하는 계기가 되었다.

나는 임종석 전대협 의장의 임수경 평양 파견 사건은 정부 정책이 조장한 용공 조작 사건의 일부라고 생각한다. 다만, 이 밀입북 사건은 결과적으로 민주화운동 세력에게는 통일 논의를 진전시키는 계기로 작용했다. 동시에 특이하게도, 북한 사람들에게 한국에 대한 환상을 심어주는 역할을 했다.

북한 주민들은 모두 임수경이 방북 후 판문점을 통해 육로로 당당히 돌아가면 남한에서 사형을 당할 것이라고 생각했다. 가족과 친인척도 무사하지 못할 것이라고 생각했다. 그런데 우리나라는 이미 민주화가 어느 정도 진전된 사회였다. 임수경은 입국과 동시에 보안법 위반 혐의로 체포되어 징역 5년을 선고받았지만, 1992년 특별 가석방되었다. 임수경의 집안은 무사했다. 이걸 보고 북한 사람들은 남한에 대한 생각을 완전히 바꾸게 되었다고 한다.

한편 문익환 목사 방북 사건과 임수경 양 방북 사건이 터졌을 당시 서울중앙지검장은 김경회 검사였다. 전 윤석열 정부 국가안보실 1차장이었던 김태효의 아버지다. 이때 그는 노태우 대통령에게 일이 이 지경이 될 때까지 뭘 했느냐고 얼마나 박살이 났는지 모른다.

보안사 민간인 사찰 폭로 사건 23

사건명	국군보안사령부 민간인 사찰 사건
사건개요	1990년 국군보안사령부에서 탈영한 윤석양 이병이 보안사의 민간인 사찰 기록을 공개한 사건. 이 사건으로 보안사가 친위 쿠데타를 위해 각계 각위 성향 주요 인사 923명의 인적 사항, 예상 도주로와 은신처 등이 기재된 청명카드(체포카드)를 만들었고, 1,300여 명에 달하는 민간인을 사찰했음이 폭로되었다. 이에 전국적으로 정부를 규탄하는 움직임이 일자 노태우 정부는 국방부 장관과 보안사령관을 경질하고 보안사를 국군기무사령부로 개편했다.
책임자	노태우(대통령), 조남풍(보안사령관)

169

국군보안사령부(이후 국군기무사령부로 개편됨)가 1989년 민간인 923명을 사찰한 내용이 담긴 일명 '청명계획'의 문서파일 네 권이 국방부 과거사위원회에 의해 발견되었다. 과거사위원회는 2007년 7월 24일, 이러한 내용을 담은 '보안사 민간인 사찰 사건 조사 결과 보고서'를 발표했다. 군 과거사위원회에 따르면, 보안사 3처는 1989년 3월 20일 노태우 대통령의 중간평가 유보 결정과 3월 25일 문익환 목사의 방북 사건을 계기로 사회 혼란을 우려하며, 이른바 청명계획이라는 것을 만들고 민간인을 사찰해왔다. 더욱 놀라운 것은, 이 계획이 계엄령 선포까지 염두에 두고, 계엄 이후 우리 사회의 좌파 세력을 일거에 쓸어버리기 위해 만든 것이었다는 점이다.

보안사는 청명계획에 따라 좌익 성향 주요 인사 923명의 인적 사항, 예상 도주로와 은신처, 체포조 편성, 체포 인사들을 유치할 유치 장소 등을 기재한 청명카드(체포카드)라는 것도 만들어 활용할 계획이었다. 한마디로 청명계획은 계엄령 상황이 발생하면 이들을 검거, 처벌하기 위한 것이었다. 일제강점기 예비검속과 비슷하다. 군 정보기관인 보안사의 민간인 사찰 실체는 1990년 10월 4일, 윤석양 이병의 양심선언 사건으로 세상에 처음 그 모습이 드러났다.

진실은 노태우 정권에 있었다. 1987년 민주화 이후 처음 치러진 총선에서 여소야대 정국을 맞이한 노태우 대통령은 단 한 번도 '정치'라는 것을 경험해보지 못하고 군대식 절대복종 체제만을 경험한 사람이었다. 그

> **보안사, 민간인 1천3백명 사찰**
> 김영삼대표·김추기경·조요한총장 등
> 4등급분류 개인번호 붙여 매달 보고
>
> 탈영병, 컴퓨터자료 빼내 양심선언

「보안사, 민간인 1천3백 명 사찰」, 『한겨레』, 1990년 10월 5일

런 그가 어떻게 정치를 한단 말인가. 따라서 유사시 계엄령을 통해 좌파 성향의 민주 인사들을 모조리 쓸어버리려는 생각으로 청명계획을 만든 것이었다.

청명카드는 보안사 3처 6과 윤 모 계장을 팀장으로 하는 '청명TF'와 각 예하 보안부대가 미행, 탐문 조사 등의 방법으로 내사해 보고한 자료를 요약, 정리하는 방식으로 진행되었다. 애초에 대상자가 970여 명이었으나, 구성 과정에서 A급 109명, B급 315명, C급 499명 등 923명으로 줄었다. 그러나 1989년 계엄령이 선포되지 않아 청명계획은 없던 일이 되고 말았다.

이후 그 성격이 민간인 대상 사찰 사업으로 변질되었고, 대상자는 1,311명으로 늘어났다. 민주화운동기념사업회 사료관에 보관된 사찰카드에 따르면, 노무현 대통령은 사찰번호가 295번이었고, 부산 보안부대 이 모 상사가 미행과 망원(정보원 활용), 탐문 채집 등의 방법으로 매월 1회 동향 보고와 분석 의견을 낸 것으로 되어 있었다.

1990년 9월 23일 새벽, 윤석양 이등병은 위병소 근무자가 다음 근무

자를 깨우기 위해 내무반으로 들어간 사이에 청명계획, 즉 민간인 사찰 계획의 사찰 대상자 명부철과 세 장의 플로피디스크를 들고 탈영했다. 그리고 언론에 양심선언을 하며 명단과 계획을 폭로했다.

그는 강원도 철원군에 위치한 백골3사단에서 복무하던 중 한국외국어대 혁명적노동자계급투쟁동맹 사건에 연루되어 보안사에 연행되었다. 이후 서빙고 분실에서 강제로 대공 및 학원사찰 업무를 80일 동안이나 담당했다. 훗날 그는 이규연의 「스페셜 탐사 스포트라이트」에 출연해, 당시 고문 위협으로 인해 자백했던 데 대한 죄책감에서 한 일이니, 자신을 영웅시하지 말았으면 좋겠다고 말했다.

보안사의 민간인 사찰 계획에 대해 폭로하고 있는 윤석양 이병

윤석양 씨의 폭로에 따르면, 보안사는 '현실문화사'라는 유령 잡지사를 운영했다. 보안사 소속 직원들이 이 잡지사의 기자 신분으로 위장했다. 또한 보안사 장교가 지배인으로, 사병이 웨이터로 근무하는 위장 카페 모비딕을 운영하며 정보를 수집했다. 청명계획 당시에는 민간인 사찰이라는 것만 알려져 있었고, 이 계획이 친위 쿠데타용 계엄 선포 계획이라는 것은 윤석양 이병의 폭로 17년 후인 2007년 7월 27일에야 알려졌다. 1990년 폭로 당시에도 노태우 정권은 측근 해임 조치만 단행하고 대국민 사과

는 하지 않은 채 어물쩍 넘어갔다. 이상훈 국방부 장관과 조남풍 보안사령관이 전격 경질되었다.

노태우 정부는 발칵 뒤집어진 사회를 어떻게든 추슬러야 했다. 1990년 10월 30일부터 이른바 조직폭력배와의 전쟁, 범죄와의 전쟁을 시작했던 것도 국민의 분노를 다른 곳으로 돌리기 위해서였다. 이때를 묘사한 영화 「범죄와의 전쟁」(감독 윤종빈, 2012)만 보더라도, 특히 검사들이 조직폭력배 체포 할당량을 채우기 위해 얼마나 난리를 부렸는지 알 수 있다.

1991년에 지방자치제를 실시하기로 야당의 총재인 김대중과 약속한 것도 이 때문이었다. 쿠데타를 준비하던 대통령이었으니, 3당 합당을 통한 연성 쿠데타 역시 그런 맥락에서 이루어졌다.

노태우는 역시 군인이었다. 그는 영구 집권을 노렸던 사람이다. 용공 조작의 달인이기도 했다. 그는 결국 청명계획에 포함된 모든 사람을 반국가 단체, 종북 세력 등으로 몰아 처단할 계획이었다. 최근 윤석열 전 정부와 아주 똑같았다. 그래서 '윤석열은 검사정부, 노태우는 군인정부'라는 말이 나왔다. 추가로, 윤석양 이병이 가지고 나온 민간인 사찰 대상 자료에서 서울대 학생 387명에 대한 신상카드 목록이 발견되었다. 아주 작은 크기로 작성된 이 카드에는 1973년부터 1986년 사이 서울대 학생들의 모든 시위 기록과 운동권 내부 집회 기록, 전과 내역, 가명 사용 내역, 토론회 참석 여부 등이 적혀 있었다.[1]

---

1) 서울대생 명단 기사, 『중앙일보』, 1990년 10월 9일.

보안사 분류 방식(예)

1. 정치계

[평화민주당 국회의원 69명]

김대중, 문동환, 박영숙, 정상용, 이상수, 이철용, 이해찬, 김주호, 김종완, 김덕규, 김길곤, 김둑수, 최봉구, 박종태, 조찬형, 조홍규, 조희철, 노승환, 박상천, 박석무, 박실, 정기영, 정대철, 정웅, 조순승, 조세형, 조승형, 조윤형, 한광옥, 허경만, 허만기, 홍기훈, 홍영기, 이상옥, 이영권, 이원배, 이재근, 이찬구, 이협, 이형배, 이희천, 최락도, 채영석, 김영도, 김영배, 김영진, 김원기, 박형오, 김충조, 김태식, 임춘원, 이경재, 이교성, 이돈만, 이동근, 강금식, 권노갑, 김봉호, 손주항, 송현섭, 신기하, 신순범, 양성우, 오탄, 류인학, 류준상, 김봉욱, 최영근

[민주자유당 민주계 국회의원 13명]

김영삼, 김동영, 김덕룡, 김동규, 김동주, 박용만, 박종률, 서청원, 유기준, 강보성, 강삼재, 강신옥, 심완구

[민주당 국회의원 6명]

이기택, 박찬종, 김광일, 장석화, **노무현**, 이철

기타 학생, 종교계·교육계 인사 등 923명

강기훈 유서 대필 사건 24

사건명	강기훈 유서 대필 사건
사건개요	1991년 5월 전민련 사회부장 김기설이 노태우 정권 퇴진을 외치며 분신하자, 검찰이 김기설의 동료 강기훈이 유서를 대필하고 자살을 방조했다고 발표한 사건. 검찰은 강기훈을 피의자로 특정하고 수사를 진행했으며, 필적감정 결과를 배제하고 강기훈에게 징역 3년과 자격정지 1년 6개월을 선고했다. 2007년 진실화해위원회에 의해 재조사가 시작되어 유서의 필적이 김기설 본인의 것이라는 사실이 확인되었다. 2015년 대법원은 강기훈의 자살 방조 혐의에 대해 무죄를 선고했다.
책임자	노태우(대통령) 정해창(대통령비서실장) 정구영(검찰총장) 서동권(안기부장) 김기춘(법무부 장관) 곽상도(검사) 신상규(검사) 강신욱(검사)

1990년 1월 22일, 민주정의당의 노태우, 통일민주당의 김영삼, 신민주공화당의 김종필 3인이 갑자기 한밤중에 나와 다음 달 초 3당이 공식적으로 합당한다는 발표를 했다. 평화민주당 김대중 총재는 철저하게 배제된 채 보수 대연합인 민주자유당(민자당)이 발족했다. 이는 민심을 철저히 외면한 결과였다. 1987년 개헌을 통해 군사독재가 종식되고 나름 완전한 민주 대의제로 정착한 대한민국 정치 문화를 낡은 영호남 지역주의로 후퇴시키는 최악의 정치 행태였다. 이로써 한국 정치는 30년 뒤로 후퇴하게 되었다.

1990년 1월 22일 3당 합당 합의문을 발표하고 있는 노태우 대통령(가운데). 김종필 공화당 총재(오른쪽)와 김영삼 민주당 총재(왼쪽)가 배석해 있다

따라서 1990년부터 1991년까지 재야 민주화 세력의 운동 방향은 이 3당 합당이 우리 정치의식을 얼마나 후퇴시켰는지를 입증하는 데 집중되었다. 군사독재정권을 종식하려는 민중의 열망은 여전했지만, 12·12 세력인

하나회와 신군부 세력이 그대로 남아 있었다. 일해재단 청문회, 5·18 광주민주화항쟁 관련 청문회 등 그들의 미래엔 오로지 먹구름밖에 없었다. 결국 그들 앞에 놓인 개혁은 민주화를 요구하는 시민들의 절박한 명령과 다름없었지만, 권력층은 이에 응답하기보다 구태 정치 행태를 반복했다.

노태우 대통령은 "한국엔 양심수란 없다"고 선언했으나, 1990년 11월 10일 기준으로 민주화실천가족운동협의회 발표에 따르면 양심수는 무려 1,295명이나 되었다. 1991년 봄, 이른바 한보그룹 수서지구 택지 분양 비리 의혹 사건이 터졌고, 낙동강 페놀 유출 사건까지 발생해 정권에 대한 국민의 기대는 모두 거두어지고 있었다. 이런 가운데 1991년 4월 26일 명지대 학생 강경대 군이 시위 현장에서 백골단[1] 소속 전경 5명에게 집단 폭행을 당하고 숨지는 사건이 발생했다.

강경대가 숨지고 사흘 뒤인 4월 29일, 전남대 학생 박승희가 강경대 사망을 규탄하는 집회 현장에서 분신했다. 이어 5월 1일에는 안동대 학생 김영균, 5월 3일에는 경원대 학생 천세용, 5월 8일에는 전민련 사회부장 김기설이 서강대 옥상에서 유서를 남기고 분신 후 투신자살하는 사태가 일어났다. 또 5월 12일에는 서울직장민주화청년연합 회원 윤용하가, 5월 18일에는 주부 이정순과 전남 보성고 학생 김철수, 광주의 운전기사 차태권이 분신을 택했다. 이어 5월 22일에는 정상순이 분신했다.

---

[1] 전투경찰조 중에서 하얀 헬멧과 청색 재킷을 주로 착용하고 무차별 폭력을 휘둘렀던 사복 체포 기동조. 1985년 8월 1일 서울시장 명령으로 처음 소집되었는데, 대부분 무술 유단자로 구성되었다.

연이어 터진 분신 사고에 당황한 노태우 정부는 4월 26일부터 5월 6일까지 열흘간, 각 언론사의 정치부장(4월 26일 점심), 주필(4월 30일 저녁), 편집부장(5월 2일 저녁), 경제부장(5월 3일 점심), 사회부장(5월 6일 점심) 등 간부들을 불러 식사 회동을 가졌다. 청와대에 다녀온 언론사 간부들의 지시였는지, 이 회동 이후 모 신문의 데스크는 경찰 담당 기자들에게 '공부 좀 합시다'라는 제목의 면학 분위기 조성 촉구 기사를 쓰도록 지시했으나, 기자들이 이를 거부하면서 이 사실이 널리 알려졌다.

각 방송사도 학생들을 비난하는 뉴스를 내보냈다가 노조의 반발에 직면했다. 이런 상황이라면 1991년 6월 20일에 치러질 지방 광역의원 선거에서 국민들이 대거 야당을 찍을 것이 뻔했다.

이러한 분신 사태들은 외국 언론에도 많이 보도되었다. 특히 홍콩『사우스차이나모닝포스트』의 영국인 기자 브루스 체스만이 이정순의 분신자살 현장을 취재해서 5월 21일 자 신문에 게재했는데, 그는 칼럼에서 "그녀가 분신할 당시 아무도 구하러 오지 않았으며, 자신이 셔츠를 벗어 불을 끄려고 했을 때 대학생으로 추정되는 어떤 이가 나서서 막았다"고 했다. 그러나 해당 사건을 목격한『시사저널』김봉규 기자와 MBC 이진숙 기자의 증언 및 사진에 따르면, 그녀를 살리기 위해 불을 끄려고 했던 군중이 많았고 몇몇 사진기자는 "사람이 죽어나가는데 사진만 찍느냐"며 군중에게 쫓겨나기도 했다.

시인 김지하는 1991년 5월 5일 「젊은 벗들! 역사에서 무엇을 배우는가:

죽음의 굿판 당장 걷어치워라」라는 칼럼을 써 학생운동을 비판하는 목소리를 냈다. 서강대 총장 박홍 신부는 "죽음을 선동하는 어둠의 세력이 있다"며 또다시 종북 간첩 음모론을 제기했다. 여론이 점점 운동권에 불리하게 돌아갔고, 시위가 장기화되면서 운동권 정파 소속이 아닌 일반 시위 참여자들과 일반 시민들마저 매주 주말 도심이 마비되는 시위에 피로감을 느꼈다.

학생과 직장인 들의 연이은 분신에 결정타를 날린 것이 바로 강기훈 유서 대필 조작 사건이었다. 검찰은 분위기 수습을 위해 서둘러 발표를 내놓았다. **당시 검찰총장 정구영은 서동권 안기부장(검사 출신)과 함께 "5월 8일 분신자살한 김기설은 자기 의지로 분신한 게 아니라, 운동권 내의 온갖 협박과 감언이설에 의해 분신자살을 강요받은 것이며, 그 증거가 강기훈이 김기설의 유서를 대필한 것이다"라고 주장했다.**

1991년 5월 8일경, 김기설 당시 전민련 사회부장이 서강대에서 분신했다. 그는 분신 3일 전 한국방송통신대 동아리 '소리새벽'의 회원들에게 처음으로 분신 의사를 밝혔다. 그리고 여자친구를 만나 분신 의사를 전하면서 수첩 하나를 건네주었다. 소리새벽 회원들은 5월 7일 오후 대책회의 관계자에게 김기설의 분신 결의를 알렸고, 그들은 즉시 적극적으로 만류했다. 그중 임 모 씨는 서울 북가좌동 자취방에서 김기설을 만나 분신 계획을 만류하며 그를 보호하기 시작했고, 전민련도 사람을 보내 그를 만류했다.

5월 8일 오전 6시경, 김기설은 여자친구에게 전화를 걸어 "열심히 살아라"라는 말을 남긴 뒤, 서강대 옥상에서 분신을 시도하고 투신했다. 5월 15일, 검찰은 전민련 총무부장 강기훈이 1985년에 쓴 진술서의 필적 감정을 의뢰한 뒤, 16일에는 강기훈의 대학 후배를 강제연행했다. 5월 18일, 검찰은 김기설의 유서와 자필 노트의 필적이 서로 다르다고 판단했다. 그러자 강기훈은 사실 여부와 관계없이 김기설의 유서를 대필했다는 의혹에 시달리기 시작했다.

즉, 분신 의사가 없는 사람들에게 분신을 종용하고, 그 유서까지 대필해주면서 일을 키운 운동권은 매우 극단적이고, 가까이하기에 매우 위험하다는 인식을 보통 사람들에게 심어준 꼴이 되었다. 검찰은 즉시 강기훈에 대해 유서 대필 및 자살 방조 혐의로 압수수색영장을 발부받아 강기훈의 필적을 입수하고, 강기훈을 자살 방조 피의자로 특정해 수사를 진행했다. 당시 검사는 관례와 달리 국립과학수사연구소(국과수)를 방문해 필적감정 문건에 대해 설명했고, 국과수 직원이 "어떠한 감정을 원하느냐?"라고 전화로 묻기도 했다.

김기설 유서 대필 혐의로 구속된 강기훈 당시 전민련 총무부장이 1991년 10월 23일 공판이 열리는 법정으로 향하고 있다

11월 27일, 28일 열린 제9, 10차 공판에서 일본인 감정인 오니시 요시오가 강기훈의 필적이 유서와 다르다고 주장했다. 그러나 검찰은 12월 4일 강기훈에게 징역 7년 및 자격정지 3년을 구형했다. 변호인단이 장문의 변론요지서를 통해 강기훈의 결백을 주장했음에도 12월 20일 제12차 공판에서 재판부는 징역 3년 및 자격정지 1년 6개월을 선고했다.

항소 후인 1992년 2월 9일 MBC 뉴스를 통해 국과수 김형영 문서분석실장의 뇌물수수 및 허위 감정 정황이 폭로되었다. 이에 김형영 측은 11일, MBC 최창봉 사장, 이양길 보도국장, 홍순관 기자 등을 고소했으나 17일, 검찰에 의해 구속되었다. 단, 검찰 측은 허위 감정은 없었다고 발표했다. 1992년 6월 7일, 강기훈이 결백을 주장하며 김수환 추기경에게 편지를 보냈다. 이에 6월 12일 천주교 서울대교구 정의평화위원회가 자진 출두를 권유했다. 6월 15일 김 추기경은 명동성당에 경찰력을 투입해서는 안 된다는 의견을 강력히 표명했으며, 한국기독교교회협의회(NCCK) 인권위원회는 강기훈이 대필하지 않았다는 심증을 다룬 제1차 조사 결과를 발표했다.

1992년 2월 11일, 서울형사지법에서 열린 계약서 인장 위조 사건 재판에서 국과수의 감정 결과를 배척한 첫 판결이 내려져 반전의 가능성이 보이기 시작했다. 같은 달 27일, 민주주의민족통일전국연합 등 12개 재야단체가 '유서 사건 강기훈 씨 무죄 석방 공동대책위원회(강기훈공대위)'를 결성했다. 3월 27일 서울고법 항소심 제3차 공판에서는 국과수 문서 감정에 대해 검증이 실시되었으며, 3월 30일 제4차 공판에서는 구속 상태였던 김형영이 증인 신문을 받았다.

그러나 4월 9일 제5차 공판에서 검찰은 1심과 같은 형량을 구형했다. 이에 4월 15일 강기훈공대위는 명동성당 앞에서 '강기훈의 무죄 석방과 검찰의 필적 은폐 규탄 집회'를 열었다. 4월 16일 박형규 목사 등 각계 인사 400여 명이 '강기훈 무죄 석방을 위한 4백인 선언'을 발표했다. 같은 시기 김수환 추기경 등 23명이 공정한 재판을 요구하는 서한을 항소심 재판부에 전달하는 등 갖은 노력을 했으나, 4월 20일 재판부는 1심과 같은 형량을 선고했다.

이에 강기훈은 상고했으며, 7월 20일 김대중 민주당 대표, 장을병 성균관대 총장, 김승훈 신부 등 각계 인사 213명이 공정 재판을 촉구하는 서한을 대법원에 제출했다. 7월 21일에는 대한예수교장로회 목회자들이 '공정 재판을 위한 금식기도회'를 열었으나, 7월 24일 대법원은 징역 3년, 자격정지 1년 6개월을 확정, 선고했다.

이 사건의 쟁점은 역시 필적감정이었다. 당시 대한민국에는 필적감정인들이 극히 드물었기 때문에 공정한 감정 소견을 기대하기가 힘든 상황이었다. 이 사건은 국가적으로 큰 이슈였기에, 소신 있게 감정했다가 자칫하면 업계에서 퇴출될 수도 있었기 때문이다. 그래서 객관성을 확보하기 위해 일본인 감정인에게 필적감정을 의뢰했는데, 일본인 감정인은 강기훈의 필적과 유서의 필적이 일치하지 않는다는 결과를 내놓았다. 그러나 법원은 그 감정 결과를 배척했고, 한글을 모르는 일본인의 감정은 신빙할 수 없다는 이유로 일본인 감정인을 도리어 질책했다. 이는 법원이 강기훈의 혐의를 너무 서둘러 예단한 것이 아니냐는 비판을 받을 수 있는 대목이었다.

2002년, 이제는 잊힌 줄 알았던 이 사건은 MBC 「이제는 말할 수 있다」에 소개되면서 다시 알려졌다. 분신자살했던 김기설 씨의 아버지가 "그 유서는 김기설이 직접 작성한 것"이라고 증언한 것이 계기였다. 제작진이 미국, 일본, 한국의 사설 감정원에 의뢰한 결과, 유서는 강기훈의 필적이 아니라 김기설의 필적이라는 결과를 얻어냈다.

2004년 11월, 과거사진상규명위원회가 해당 사건을 조사 대상으로 선정했고, 2005년 각 시민단체를 중심으로 '강기훈 유서 대필 조작 사건 진상규명위원회'가 결성되어 사건 진상규명을 촉구하는 운동이 시작되었다. 2007년 진실화해위원회에서는 이 사건을 재조명하며 국과수에 필적감정을 재의뢰했다. **국과수는 5명의 감정인과 재감정을 진행했고, 이들은 필체가 다르다는 의견을 내어 1991년 당시 감정 결과를 뒤집었다.** 1991년에 감정했던 김형영도 진실화해위원회에 출석해 "감정인에 따라 판정이 다를 수 있다"고 말하면서 자신이 틀렸을 가능성을 간접 시인했다.

뒤집힌 결과를 받아들이지 못하겠다고 선언한 단체는 오직 하나, 서울고검뿐이었다. 검찰은 항고했다. 그러나 2012년 대법원이 재심 개시를 선언하면서 모두 무산되고 말았다. 2012년 12월 20일, 재심이 시작되었다.

2013년 12월 국과수의 재감정 결과, 유서의 필적은 김기설 본인의 것으로 확인되었다.

김기춘의 이름이 등장하면 그 순간, '아, 이 사건은 용공 조작 사건, 아니면 정권의 안정성을 위해 조작된 사건이겠구나.' 하고 강력히 확신하게 되는데, **'한국판 드레퓌스 사건'이라고 불린 이 사건을 진두지휘한 인물 역시 김기춘이었다.** 강기훈 유서 대필 사건의 수장 검사를 맡은 김기춘은 당시 법무부 장관을 지내고 있었다. 그는 퇴임 후 국회의원이 되어 박근혜 정부 대통령비서실장의 지위까지 오른다. 주임검사를 맡은 신상규는 후일 광주고검장을, 또 다른 주임검사 강신욱은 후일 대법관을 지낸다. 강기훈 유서 대필 사건의 수사 검사는 곽상도[2]였다. 2014년 서울고법에서 열린 재심 결심공판에서 강기훈은 이들의 이름을 모두 열거했다.

마침내 2015년 5월 14일 대법원에서 검찰의 상고가 기각됨으로써 24년 만에 강기훈의 유서 조작 및 자살 방조 혐의에 대한 무죄가 최종 확정되었다(대법원 재심 판결문 2014도2946).

2017년 7월 6일, 서울중앙지법은 유서 대필 조작 사건의 국가책임을 인정하고 피해자 강기훈에게 6억 원의 국가배상 판결을 내렸다(서울중앙지법 2015가합569037). 다만, 당시 고문을 저지르고 사건을 조작한 검사들

---

[2] 박근혜 전 대통령 민정수석, 전 미래통합당 국회의원. 2022년 2월 22일, 대장동 개발 사업 논란과 관련하여 알선수재, 뇌물수수, 정치자금법 위반으로 구속 기소되었다. 이에 따라 국민의힘은 2022년 3월 재보궐선거에서 중구, 남구 지역에 공천하지 않았다. 아들은 화천대유자산관리 퇴직금으로 50억 원을 지급받았다. 희대의 양아치 검사 출신 국회의원, '화천대유 퇴직금 50억 원'의 주인공이다.

에 대해서는 공소시효가 지나서 배상 책임이 없다고 판결했다.

노태우 제13대 대통령과 정해창 비서실장.
1990년 12월 27일 촬영

2018년 9월, 검찰 과거사 진상조사단에서 28년 만에 이 사건을 재조사했다. 조사의 핵심은 노태우 정부 차원에서 이 사건을 기획, 조작했는가의 여부였다. 당시 김기설이 분신한 5월 8일 오전 7시에 치안 관계 기관 대책회의가 열렸고, 대통령비서실장 주재로 서동권 안기부장, 법무부 장관, 노동부 장관 등이 참석해 분신의 배후를 밝혀야 한다는 결정을 내렸으며, 곧바로 강기훈 자택 등에 대한 압수, 수색이 이루어진 점에 주목했다. **이는 정해창 당시 대통령비서실장이 이 사건에 깊숙이 관여했음을 시사한다.**

초원복국 사건 25

사건명	초원복국 사건
사건개요	1992년 12월 김기춘 전 법무부 장관과 정경식 부산지검 검사장, 부산의 기관장들이 음식점 '초원복국'에 모여 제14대 대통령 선거에 영향을 미치고자 지역감정을 부추기려 모의한 것이 당시 통일국민당 관계자의 도청에 의해 드러난 사건. 언론은 부당한 대선 개입과 지역감정 부추김보다 불법도청의 행위와 방법에 주목하여 여론을 김영삼 후보에게 유리한 방향으로 몰았다. 사건의 주도자 김기춘은 기소되었으나 무죄판결을 받았으며, 통일국민당 관계자들은 벌금형을 선고받았다.
책임자	김기춘(전 법무부 장관)　정경식(부산지검 검사장)

1992년 12월 11일, 부산직할시(현 부산광역시) 남구 대연동에 있는 복어 요리 전문점 '초원복국'에 부산 지역의 주요 기관장들이 대거 모였다. 이들은 제14대 대통령 선거를 앞두고 특정 후보의 당선을 위해 지역감정을 대놓고 부추길 것을 모의했는데, 이 내용이 통일국민당 관계자에 의해 도청되었다. 이 사실이 같은 해 12월 15일, 통일국민당 선거대책본부장 김동길 교수를 통해 폭로되었다. 대선(12월 18일)을 딱 사흘 앞두고 벌어진 초대형 사건이었다.

「"지역감정 부추겨 김영삼 당선 돕자"」, 『한겨레』, 1992년 12월 16일

　초원복국은 수영구 남천동 민주자유당(현 국민의힘) 부산시 당사 인근에 있었다. 당시 대선에 출마했던 정몽준 통일국민당 정책위의장의 선거운동원들이 초원복국에 미리 비밀 녹음기를 설치해두어 그날 거기 모인 인사들의 대화가 녹음되었다. 이후 이 녹음 내용이 언론에 공개되면서 사건이 폭로되었다.

그날 아침, 관련 인사들은 당사에서 선거 관련 회의를 마치고 아침을 먹기 위해 초원복국을 찾았다. 자, 당시 부산 지역 공공기관장들이 모두 김영삼을 당선시키자는 회의를 했다는 것부터가 범법행위였다. 그리고 식사 자리에서도 선거 관련 발언이 이어졌는데, 녹취록에 실제로 나오지는 않았지만, **이때 나온 것이 바로 "우리가 남이가?"라는 유명한 표현이었다.**

김기춘(전 법무부 장관), 우명수 부산시교육청 교육감, 이규삼 안기부 부산지부장, 박일룡 부산경찰청장, 강병중 부산상공회의소 부회장, 김영환 부산시장, 정경식 부산지검장, 김대균 부산지구 기무부대장, 박남수 부산상공회의소 회장 등이 아침에 민자당 부산 당사에서 회의를 마치고 초원복국으로 아침을 먹으러 간 멤버였다. 어떠한가? 화려하지 않은가? 당시 부산의 행정, 사법, 교육, 치안, 경제를 망라한 핵심 공공기관 책임자들이 선거법을 대놓고 어겨가면서 회의를 한 것이었다.

그런데 김기춘과 정경식은 공안검사였다. 공안검사가 빨갱이를 색출하는 자리도 아닌, 왜 지역감정을 부추기는 자리에 참석했나? 앞서 '부림 사건'에서 공안검사의 임무 두 가지를 설명하면서 두 번째 임무는 '초원복국 사건'에서 공개하기로 했었다. 공안검사의 두 번째 임무는 바로 **선거사범을 때려잡는 것이었다.** 선거 분위기를 조절하고 통제하는 것 자체가 공안검사의 주요 역할이었다.

그런데 김기춘은 여기서 "영도다리에 다 같이 빠져 죽자", "부산, 경남, 경북까지 요렇게만 딱 단결하면 안 되는 일이 없다. 5년 뒤에는 대구 분들하고 서울 분들하고 다툼이 될는지… 그때 대구 분들 우리에게 손 벌리려면 지금 화끈하게 도와주고…", "지역감정이 유치할진 몰라도 고향 발전엔 도움이 돼", "하여튼 민간에서 지역감정을 좀 불러일으켜야 돼" 등의 발언을 한 것으로 알려졌다. 김기춘은 이 회의부터 아침 식사, 그리고 대화까지 주도해 이끌었다.

해당 폭로가 나온 뒤, 선거운동은 모두 여기에 초점을 맞춰 진행되었다. 선거 3일 전이었다. 고양이 손이라도 빌려야 할 만큼 모든 세력이 총동원되었고, 하루에도 몇 번씩 최악의 상황, 최고의 상황이 번갈아 찾아왔다. 처음 이 사건을 폭로한 정몽준과 김동길의 의도대로였다면 공권력의 부당한 대선 개입과 부당한 지역감정 부추김이 부각되어야 했는데, 당시 우리나라 언론들은 불법도청이라는 데 모든 포커스를 맞췄다.

더 관심을 받은 것은 불법도청행위와 그 방법이었다. 그리고 3일 후에 치러진 선거에서 민자당 김영삼 후보가 여유 있게 득표하며 당선되었다. 김영삼이 41.96퍼센트, 김대중이 33.82퍼센트, 정주영이 16.31퍼센트를 각각 득표하면서 희비가 엇갈렸다. 정주영 후보는 막판에 초원복국 사건을 터뜨리며 마지막 반격을 노렸지만, 여론은 정주영 회

정몽준 의원의 도청에 초점을 맞춘 기사.
「현대-안기부원 공모 '도청'」,「한겨레」,
1992년 12월 22일

장이 운영하던 현대그룹이 저 도청을 하기 위해 얼마의 돈을 썼는가 하는 문제에 집중되었다.

    검사들은 이미 깊숙이 정치판에 들어와 있었다. 모든 수사는 정치적이었고, 또한 모든 기소는 정치적 메시지를 담고 있었으며, 판사의 모든 판결에도 정치적인 의미가 있었다. 이러한 사실이 우리를 슬프게 웃게끔 한다.

26 전두환·노태우 전 대통령 구속 사건

사건명	전두환·노태우 전 대통령 구속 사건
사건개요	1995년 7월 검찰이 군 형법상의 반란 및 내란 혐의로 기소된 신군부 세력을 불기소처분한 사건. 당시 전두환·노태우를 포함한 34명이 기소되었지만 서울지검 공안1부 장윤석 부장검사는 '성공한 쿠데타는 처벌할 수 없다'라는 논리로 이들을 불기소처분했다. 같은 해 11월 불법 비자금 조성으로 노태우가 구속되며 국민들은 신군부 세력의 단죄를 요구했고, 12월 전두환도 구속되어 1997년 4월 전두환은 무기징역, 노태우는 징역 17년을 확정받았다. 둘은 같은 해 12월 김영삼의 특별 사면으로 출소했다.
책임자	장윤석(서울지검 공안1부장)

1993년에 출범한 김영삼 대통령의 문민정부는 재야·시민단체로부터 전두환, 노태우의 12·12 군사쿠데타와 1980년의 5·18 민주화운동을 역사적으로 재조명하고, 전두환, 노태우 등 당시의 주범들을 모조리 처벌하라는 사회적 압력에 시달리고 있었다. 시민단체들은 문민정부가 나서줄 것이라는 기대감에 한껏 젖어 있었으나, 1993년 5월에 열린 5·18 특별간담회에서 김영삼 대통령은 "진상규명에 관해 미흡한 부분이 있다면, 그건 역사의 판단에 맡기는 것이 순리"라고 선을 긋는 듯한 모습을 보여 모두를 실망시켰다.

이에 시민단체들은 직접 행동에 나섰다. 1995년, 전두환, 노태우 등 책임자들을 서울지검에 고소, 고발했다. 자연히 국민들의 관심은 공안검사의 결론에 쏠렸다. 그리고 1995년 7월 18일, 이 사건을 담당한 서울지검 공안1부장 장윤석 검사는 다음과 같은 불기소 입장을 밝혔다.

"성공한 쿠데타는 처벌할 수 없다."

검찰은 불기소 사유로 국력 소모 예방, 역사를 통한 평가, 국가 발전에 기여한 공로, 국론 통일 등의 다른 이유도 많이 내세웠지만, 저 말이 주는 임팩트가 워낙 커서 지금까지도 저 말만이 널리 회자되고 있다. 실제 장윤석 검사가 한 말은 아니고, 기자회견장에서 한 기자가 "그럼 검사님 말씀은 지금 성공한 쿠데타라서 처벌 못 한다는 것인가요?"라고 물었고, 장윤석 검사가 "네"라고 답했다고 하는데, 사실 여부는 둘째 치고 장윤석 검사의 마음속에 저런 개념이 자리하고 있었다는 점은 분명해 보인다.

최근 장윤석 검사에게 다시 물어보았다. 영화 「서울의 봄」을 봤느냐는 물음에 그는 여전히 같은 태도를 보였다. "이성계가 고려를 망하게 하고 조선을 세운 역성혁명 역시 소급입법을 적용해서 처벌해야 하는가?"라고 되물은 것이었다.

그건 말도 안 되는 이야기다. 중세 왕조 시대와 현대 민주주의 시대는 기본적으로 비교 대상이 될 수 없고, 이성계는 아예 고려를 망하게 하고 조선을 세웠다. 그런데 전두환과 노태우는 대한민국을 망하게 하고 제5공화국을 세운 게 아니지 않나? 저런 말도 안 되는 역사 인식을 지닌 자가 사건을 수사했다니. **당시 김영삼 대통령 역시 "성공한 쿠데타는 처벌할 수 없다"는 발언에 완전히 '극대노'했다고 한다.**

장윤석 검사는 당시에도 논란이 일자 동일한 비유를 든 바 있다.
「주임검사 장윤석 부장 인터뷰
"이성계 위화도 회군 사법심사 대상 되겠나"」,
『동아일보』, 1995년 7월 19일

그때부터 장윤석 검사는 좌천의 길로 접어들었다. 사실 그는 쿠데타라는 것을 고도의 통치행위로 간주했기 때문에, 행정부의 통치행위를 사법부가 이래라저래라 간섭하고 사후 평가하는 것은 옳지 못하다고 판단했던 것 같다. 그런데 통치행위를 쿠데타에 적용하는 학자는 도저히 없다. 나중에 전두환, 노태우가 사형과 무기징역을 선고받았을 때도 장윤석 검사의 이런 몰지각한 역사 인식과 정치철학은 법원에서 전혀 받아들여지지 않았다. 어쨌거나 장윤석 검사는 '공소권 없음'을 이유로 불기소처분을 내렸다. 이 과정에서 김영삼 대통령의 기가 막힌 한마디가 나왔다.

"성공하든 실패하든 쿠데타는 어쨌거나 쿠데타죠."

검찰의 이 같은 결정은 전 국민의 격렬한 반발을 불러왔다. 정치권도 야권을 중심으로 특검제를 주장하며 검찰을 압박했지만, 검찰은 '검사동일체'를 주장하면서 꿈쩍도 하지 않았다. 그러다가 3개월 후인 1995년 10월, 국회에서 박계동 의원이 노태우 전 대통령의 5,000억 원 규모의 비자금 사건을 폭로하면서 정국에 핵폭탄을 가져왔다. 이에 노태우가 구속되고, 전 국민이 신군부 세력에 단죄를 요구하게 되었다.

마침내 김영삼 대통령이 특별 지시를 내리면서 국회는 5·18 민주화운동 등에 관한 특별법을 제정했다. 1995년 11월 30일에는 12·12 및 5·18 사건 특별수사본부를 발족하고 검찰이 재수사를 결정했다. 다음 날 검찰은 전두환에게 소환조사를 통보했는데, 전두환이 이를 거절하자 12월 2일 사전 구속영장을 청구하고 구속을 집행했다.

서울중앙지검 공안1부장이었던 검사 장윤석은 나중에 노무현 참여정부 시절, 강금실 법무부 장관에 의해 좌천되었으며, 이후 고향 경북 영주에서 3선 국회의원(자유한국당)을 지냈다. 하지만 그 후에 영주가 단독 선거구를 받지 못하고 영주·영양·봉화·울진으로 넓게 개편되면서, 영주 선거구를 지켜내지 못한 책임으로 인해 공천을 받지 못했다. 이때 무소속 출마했으나 같은 검사 출신 최교일에게 패해 고배를 마셨다. **역사의식이 결여된 한 검사의 몰락이었다.**

27 조폐공사 파업 유도 사건과 옷 로비 사건

사건명	조폐공사 파업 유도 사건	옷 로비 의혹 사건
사건개요	1999년 한국조폐공사 통폐합으로 일어난 파업을 검찰이 의도적으로 유도했음이 드러나며 일어난 사건. 1999년 6월 7일 대검찰청 공안부장 진형구는 기자들과의 술자리에서 자신이 조폐공사 파업 공작을 주도했고, 당시 검찰총장이었던 김태정에게도 보고했다고 발언했다. 이후 정부는 김태정 법무부 장관을 해임하고 진형구를 직권면직시켰다. 특검 결과 진형구에게는 징역 8월과 집행유예 1년이 선고되었다.	1999년 5월, 신동아그룹 최순영 회장의 부인 이형자가 김태정 검찰총장의 아내 연정희가 구입한 고급 옷의 값을 대납했다는 의혹이 제기된 사건. 대한민국 역사 최초로 특검이 도입되었지만 실체 규명은 흐지부지되었으며, 사건 관련자 중 일부가 국회에서 위증한 혐의로 유죄를 선고받았다.
책임자	김태정(검찰총장)	진형구(대검찰청 공안부장)

김대중 대통령의 '국민의 정부'가 들어섰다. IMF라는 초유의 경제 국난 속에 온 국민이 구조조정으로 힘들어하던 때, 전임 김영삼 정부는 경제 국난을 초래했다는 비난 끝에 평화적 정권 교체를 허락하고 물러났다. 그 뒤를 이어받은 김대중 정권에서는 대기업들의 구조조정이 가장 큰 민폐를 안겨주는 존재로 자리 잡았다.

"어제까지 열심히 일하던 직장에서 갑자기 회사가 어려워졌다며 나가라고 한다." 1997년 IMF가 가져다준 익숙한 풍경이었다. 그러나 도저히 받아들일 수 없는 구조조정의 열풍 속에 희생당한 우리 아버지들, 형들, 누나들, 어머니들은 모두 오직 공무원만 쳐다보기 시작했다. 공무원이 되면 절대로 안 잘린다는 믿음이 밑도 끝도 없이 사람들 사이에 신념처럼 자리 잡았고, 이때부터 소위 노량진 공무원 대비 학원에 학생들이 몰리면서 입사 시험 열풍이 불었다.

이 와중에 조폐공사라는 낯선 이름의 공공기업이 갑자기 화제의 중심으로 떠올랐다. 조폐공사가 1998년 충북 옥천에 있는 옥천창을 갑자기 폐쇄하고 경북 경산에 있는 경산창으로 이전해 합친다는 계획을 발표한 것이었다. 당시 기획예산위원회는 1998년 7월 30일에 발표하기를, 분명히 2001년까지 합칠 계획이라고 했다. 한국경제연구원도 경영 진단에서 옥천창고를 경산창고로 옮기는 것은 무모한 전략이라고 했는데, 조폐공사는 1998년 10월 2일까지 옥천창을 경산창으로 옮겨 통폐합하는 작업을 진행했다.

이어 12월 15일에는 옥천 조폐창을 완전히 폐쇄했으며, 3일 후에는 무기한 조업 중단과 설비 이전까지 감행했다. 조폐공사 옥천창 노동조합은 당연히 반발했다. 1999년 1월 7일 통폐합 반대 투쟁 중이었던 강승희 노조위원장이 분신을 기도하는 등 저항이 격렬해지자, 조폐공사 측은 경찰기동대를 투입하는 등 강경 진압으로 초지일관했다. 이로 인해 조합원 700여 명이 정직, 경고 등의 징계를 받았으며, 7명이 구속되었다. 영업방해 혐의였다. 더구나 조폐공사 노동조합은 무려 5억 원에 달하는 손해배상 가압류를 당하게 되었다(노란봉투법이 입안, 제정되기 훨씬 전의 야만적 상황임을 명심하자). 조폐공사는 우리나라 화폐를 찍어내는 특수 공공기업인데도 민간 대기업들처럼 구조조정이나 통폐합으로부터 전혀 자유롭지 못하다는 고통스러운 현실이 노동자들의 뼈에 사무쳤다.

그런데 6개월 후인 1999년 6월, 조폐공사 파업 당시 대검찰청 공안부장이었던 진형구 대전고검장이 기자들과 만난 술자리에서 이렇게 말했다.

"조폐공사 옥천창 파업은 사실 우리 공안팀에서 만들어낸 거야. 옥천에서 경산으로 기계도 싹 옮기고 말이야. 사실 그냥 두면 조폐공사 구조조정은 2002년에야 가능했어. 공기업에서 파업이 일어나면 검찰이 이렇게 한다는 본보기를 보여주려고 했어. 그런데 노조 측에서 예상외로 너무 싱겁게 항복하는 거야. 저번에만 잘 되었더라면 이번 서울 지하철 노조 파업 사태 같은 건 없었을 텐데 말이야."

「강희복 전 사장 "진형구 씨가 통폐합 압력"」, 「조선일보」, 1999년 8월 27일

공안검사 진형구는 6개월 전 조폐공사 파업 사태를 자신이 조장했으며, 고등학교 후배인 강희복 조폐공사 사장에게 통폐합 계획의 무리한 발표를 강요했고, 이를 김태정 검찰총장에게 보고했다고까지 밝혔다.

하늘이 노할 일이었다. 전 국민이 대기업 및 중소기업의 구조조정에 말없이, 그러나 분노를 머금고 임했고, 이제 공기업까지 구조조정 대상이 되는구나 했는데, 그게 검찰 공안부에서 유도, 조장한 일이었다니. 더구나 조폐공사 노조는 구속당하고, 정리해고되고, 약 5억 원에 달하는 손해배상 소송까지 당했는데, 정작 파업을 유도했던 진형구는 대전고검장이 되고, 검찰총장 김태정은 법무부 장관으로 영전했다는 사실이 전 국민을 분노 속으로 몰아넣었다.

이에 분노한 노동자뿐 아니라 시민들로 전국적인 규탄과 항의 분위기가 번져나갔다. 금속산업연맹은 이전부터 파업을 벌이고 있던 노조와 막 파업에 돌입한 한국중공업 노조 등을 묶어 3만 명 이상의 노동자가 동참하는 파업을 전개했다. 정부가 김태정 법무부 장관을 15일 만에 해임하고 진형구 대전고검장을 직권면직했으나 거센 분노의 불길은 쉽게 가라앉지 않았다.

민주노총은 위원장 및 여러 시민사회·종교단체 대표자들과 공동으로 김태정, 진형구, 강희복을 공무상 직권남용, 업무방해, 노조 불법지배·개입 등으로 고발했다. 민주노총은 임원과 산별 연맹 대표자들의 단식 농성, 전국 단위 노조 대표자들의 동조 단식 농성 등으로 투쟁 수위를 높여갔다. 국회에는 검찰을 못 믿겠다며 특검제 시행을 요구했다. 결국 민주노총은 구속·수배자에 대한 전향적 조치, 공안대책협의회 의제에서 노동문제 제외, 특검제 실시 등을 약속받고 나서 단식 농성을 철회했다. 6월 30일, 김대중 대통령과 양 노총 위원장의 면담이 이루어졌다. **그러나 특검은 이 사건을 진형구 개인의 문제로 한정해 그를 구속하는 선에서 사건을 종결지음으로써 사건을 축소하려 했다는 사회적 비판을 받았다.**

국회 청문회에 출석해 파업 유도 사실을 극구 부인하는 진형구 전 대검 공안부장

조폐공사 사건은 검찰 최고위층 공안 세력이 이른바 국민의 정부에서도 노동자들을 강경 탄압하기 위해 파업을 유도했다는 점에서 한국 사회에 뿌리박힌 공안 세력의 실체를 보여주었다.

한편 진형구 검사의 아들인 진동균 검사는 후배 여검사 성추행 사건으

로 유죄를 받았으며,[1] 사위는 한동훈이다.[2]

1999년 5월 24일에는 대한민국이 앙드레김 옷으로 뒤흔들렸다. 최순영 신동아그룹 회장의 부인 이형자가 김태정 검찰총장의 부인 연정희 씨의 앙드레김 옷값을 대신 내줬다는 옷값 대납 사건 때문이었다. 그런데 옷값을 내주진 않았고 시도만 했다는 혐의였다. 1997년 12월 외환위기 직후 국민들의 분노가 식지 않은 시점에 터진 이 사건은 더 큰 분노를 불러일으켰다.

이 사건은 최순영 신동아그룹 회장이 외화 밀반출 혐의를 받으면서 시작되었다. 그의 아내 이형자는 검찰수사가 시작될 것을 우려해 강인덕 전 통일부 장관의 부인을 통해서 검찰총장 부인과 연줄을 만들었다. 그리고 검찰총장의 부인이 라스포사에서 시가 1,380만 원짜리(현재가 약 5,000만 원) 호피무늬 코트를 구입할 때, 옷값을 대납했다는 주장이 제기되었다. 이는 최순영을 구명하기 위한 시도로 해석되었다.

고위 공직자와 관련된 경찰청 조사과의 보고서를 박주선 청와대 법무비서관이 김태정 법무부 장관에게 사전 유출하고, 거기서 다시 일부를 가리고 축소 복사한 것을 김태정이 신동아그룹 측에 불법적으로 넘겼다.

---

1) 2015년 진동균 검사의 성추행 사건은 검찰 내에서도 유명했다. 그는 술자리에서 폭탄주를 마시고 "아, 안주 먹어야지"라며 여검사 손등에 뽀뽀를 하고, 돌아다니면서 "야, 추행 좀 하자"며 실제 추행을 했던 것으로 전해진다. 이러한 일들이 문제가 되자 그는 검찰에 사직서를 냈고, 징계 없이 수리되어 CJ그룹 임원으로 자리를 옮겼다.

2) 진형구의 딸 진은정은 서울대 법대를 졸업하고 사법고시에 합격했다. 현재 김앤장법률사무소 미국 법인에서 근무하고 있다.

박주선, 김태정 두 사람은 공무상 비밀 누설, 공문서 변조 혐의로 기소되었다.

결론적으로 위증을 제외한 나머지 부분은 모두 무죄판결을 받아 사건은 특별한 실체 없이 흐지부지되었고, 옷 로비 사건과 관련해 경찰, 지검, 특검, 대검 등의 조사 결과가 오락가락해서 많은 비판을 불러일으켰다.

재판부의 결론은, 통일부 장관 강인덕의 부인 배정숙이 옷값 대납을 요구했고, 신동아그룹 최원석 회장의 부인 이형자가 거부한 사건이며, 김태정의 부인 연정희는 관련이 없다는 것이었다.

서울특별시 공무원 간첩 조작 사건 28

사건명	서울시 공무원 간첩 조작 사건
사건개요	2013년 국정원과 검찰이 "탈북자 정보를 북한에 넘겼다"라며 북한 화교 출신 계약직 공무원 유우성을 간첩 혐의로 기소한 사건. 재판 과정에서 국정원이 증거를 조작해 유우성에게 혐의를 씌웠다는 사실이 밝혀졌으며, 유우성의 여동생 유가려에게 협박과 회유를 가했음이 드러났다. 2015년 대법원은 유우성의 간첩 혐의에 대해서 무죄를 확정했다.
책임자	안동완(공안검사) / 이시원(공안검사) / 이현철(공안검사)

2010년대 들어서도 검찰과 국정원의 대공 수사 조작은 계속되었다. 북한 출신 중국 화교였던 유우성(본명: 유가강)이 탈북해 대한민국에 도착했고, 국정원 조사 과정에서 자신이 화교임을 밝히지 않아 북한이탈주민(탈북자) 지위를 받는 데 성공했다. 유우성은 2011년 서울시에 2년 계약직 공무원으로 채용되었고, 탈북자 관련 업무를 담당하게 되었다. 2013년 1월, 국정원과 검찰 대공수사팀은 "공무원으로 근무하던 유우성이 탈북자 정보를 북한에 넘겼다"며 유우성을 간첩 혐의로 기소했다.

조작 혐의가 사건 진행 과정 여기저기서 드러났다. 처음에 사건을 기소하는 데 큰 도움을 주었던 국정원 측 제보자가 메시지를 남기고 자살을 시도했으며, 증거 조작 혐의로 조사를 받던 국정원 직원이 갑자기 기억을 상실했다. 이 사건은 거대 법조 스캔들로 비화하며 전 국민의 관심을 끌게 되었다.

2015년 10월 29일에 열린 유우성의 상고심 선고 공판에서 간첩 혐의에 대해 무죄가 선고되었다. 대법원은 유우성의 여권법 위반, 북한이탈주민보호법 위반, 사기 혐의에 대해서만 유죄를 인정해 징역 1년에 집행유예 2년, 추징금 2,565만 원을 선고했다. 반면 조작한 증거를 법원에 제출한 국정원 직원은 모해증거위조죄로 대법원에서 징역 4년을 선고받았다.

1심[1]은 2013년 1월에 검찰이 유우성을 기소하면서 시작되었다. 결정적인 증언은 유우성의 여동생 유가려의 진술이었다. 유우성의 변호사 김

---

1) 사건번호: 서울중앙지법 2013고합186

용민은 국정원 직원이 유가려를 고문한 사실을 인정했다고 밝혔다. 증언에 따르면 폭행과 협박은 물론, 전기고문 위협까지 가해진 것으로 확인되었다. 2013년 8월 22일에 열린 1심에서 유우성은 간첩 혐의 및 북한 접촉 혐의에 대해서는 **무죄판결을 받았으나**, 탈북자 정착금을 부정하게 받은 혐의와 한국 여권을 부정 발급받아 사용한 혐의로는 유죄판결을 받았다.

법원은 강압수사는 인정하지 않았지만, 국정원이 증거로 제출한 사진의 위치가 실제와 다르고, 피고인 유우성의 여동생이 피고인에게 불리한 증언을 했으나 기본적인 절차부터 잘못되어 증언으로서 법적인 효력이 없으며, 연세대 탈북자 동아리 회장이었던 유우성이 회원들의 장학금 신청을 처리하는 과정에서 탈북자 정보를 얻었을 가능성이 크다는 점을 근거로 들며 간첩 혐의에 대해서는 유죄로 보기가 부족하다고 판결했다.

구체적으로, 국정원이 앞에서 언급한 소위 '연변 사진' 여러 장을 재판에 제출할 때 이미지 파일 원본으로 내도 될 것을 굳이 A4 용지에 뽑아서 가져왔는데, 메타데이터를 종이에 일부 옮겨 적기는 했으나 **어째서인지 위치 데이터만큼은 쏙 빼놓았다는 점**, 피고인이 북한에 잠입했다고 주장하며 특정 날짜에 연변의 노래방에서 찍힌 사진을 국정원에서 입수했음에도 **재판에 아예 제출하지 않은 점** 등을 증거 조작의 증거로 들었다.

검찰은 유우성이 간첩이라고 주장하며 항소했지만, 유우성 측은 북한이탈주민법에 국적 언급은 없다며 정착금을 부정 수급할 의도가 없었다고 항소했다. 양측이 추가로 어떤 증거를 제출할지 사회적 관심이 집중되었다.

2심[2]이 시작되기 전인 2014년 2월 14일, 인터넷 언론 『뉴스타파』는 이 사건 1심 재판 때 검찰이 제출한 증거인 중국 공문서 3종—'허룽시 공안국의 출입경 기록 조회 결과', '싼허 변방검사참의 유가강(유우성의 중국 이름)의 출입경 기록 정황설명서에 대한 회신', '허룽시 공안국이 선양 주재 대한민국 총영사관에 발송한 공문'—이 모두 위조된 것이라는 기사를 보도했다. 이에 중국 영사관에서 위조범 검거에 따른 협조를 재판부에 요청하면서 이 사건은 한중 간 외교문제로 비화했다. 국정원과 검찰은 서로 책임을 떠넘기기에 급급했다.

심지어 검찰이 제출한 증거 자료의 공증마저 조작되었다는 기사도 나왔다. 결국 유우성은 담당 수사관을 고소했다. **2014년 3월 6일, 국정원에 간첩 증거를 제공한 조선족 협조자 김원하가 자살을 시도했다.** 모텔 벽에 피로 '국정원'이라고 쓰고 유서도 남겼다. 김 씨는 검찰 조사에서 국정원이 제출한 증거는 조작된 것이라고 밝혔다. 유서에서 김 씨는 유우성이 간첩이 맞다고 주장했으나, 이후 사실은 유우성을 잘 모르며 국정원의 일방적 주장에 그대로 동조해 받아 적었던 것이라고 밝혔다. 더불어 위조문건을 만드는 데 1,000만 원이 들었다고도 밝혔다. 이에 검찰은 문서위조를 전제로 수사에 착수했다.

---

[2] 사건번호: 서울고법 2013노2728

2014년 3월 12일, 민주사회를위한변호사모임(민변)은 유우성에게 유리한 증언을 하려는 증인에 대해 국정원이 회유와 협박을 시도했다는 내용의 녹취록을 공개했다. 국정원 직원들은 세 차례에 걸쳐 이 증인을 찾아갔고, 신변의 위협을 느낀 증인이 민변 측에 도움을 요청했다. 녹취록에는 국정원 직원이 이 증인에 대해 험한 말까지 내뱉은 정황도 포함되어 있었다. **게다가 유우성과 함께 중국에 있었다고 진술한 탈북자 출신 이 모 씨의 진술 조서도 국정원에 의해 조작된 사실이 드러났다.**

3월 22일, 검찰에서 수사를 받던 국정원 대공수사팀 권세영 과장이 검찰 조사에 불만을 품고 자살을 기도했다. 이에 3월 27일, 검찰은 결국 조작된 문서 3종과 증인에 대한 증거를 철회했지만, 공소는 계속 유지한다고 밝혔다. 3월 28일 권세영 과장이 의식을 회복했다는 소식이 들려왔다. 의사의 말에 따르면 **최근 기억을 관장하는 뇌 부위가 손상되어 이 사건에 대한 기억이 거의 없어졌다고 했다.**

같은 날 오후 3시에 열린 결심공판에서는 재판 시작과 동시에 검찰 공안1부 이현철 부장검사가 "유우성은 간첩이 맞다"고 주장하자, 피고인 측 변호인단의 장경욱 변호사는 "검찰이 범죄자"라며 반발했다. 법정에서 한바탕 멱살잡이까지 오가는 대립이 벌어졌다.

이날 검찰 측은 조작된 문서 3종과 증인에 대한 증거를 철회했으나 1심 재판 때 썼던 자료들을 그대로 제시하면서 재판부에 증거 채택을 요구했다. 피고인 측에서는 진술 및 증거로 제시한 자료 몇 가지를 탄핵 증거로 제시했으나, 재판부는 상당 부분 검찰 측 요구를 기각했다. 재판부는 4월 11일 오전 10시 30분에 피고인에게 공판 변론 기회를 한 번 더 주고 곧바로 선고를 내리겠다고 밝혔다. **2014년 4월 25일에 열린 2심 선고 공판에서 간첩 혐의에 대해 무죄가 선고되었다.** 1심과 거의 동일한 판결이 난 것이었다. 하나 차이가 있다면 1심 재판 때는 피고인 유우성의 여동생 유가려의 진술이 국정원의 회유에 의한 허위 진술로 보기 어렵다고 판단했던 반면, 2심 재판에서는 여동생의 진술이 국정원의 회유로 인해 허위 진술한 것임을 인정해 사실상 국정원의 강압적 개입을 인정했다는 점이다.

2014년 7월 5일 국정원 협력자였던 김원하가 『뉴스타파』 제작진을 통해 유우성에게 사죄한다고 적은 편지를 공개했다. 이 편지에서 김원하는 국정원이 위조된 답변서를 부탁했을 때부터 잘못된 일임을 알았지만 거절하지 못했고, 국정원과 검찰을 도우면 자신의 국적문제 해결에 큰 도움이 될 것으로 생각해서 유우성을 간첩으로 몰아가는 데 가담했다고 밝혔다.

한편 이 사건의 담당 검사였던 이시원 부장검사는 윤석열 정부의 초대 공직기강비서관으로 영전했다. 현재 이시원 전 공직기강비서관은 해병대 채수근 상병 사망 사건에서 위계에 의한 사망 사건을 축소, 은폐한 주범 중 한 명으로 간주되고 있다.

이 사건의 담당 검사이자 주범으로 지목된 안동완(54, 사법연수원 32기) 부산지검 2차장검사에 대한 탄핵 청구가 2024년 5월 30일 기각되었다. 탄핵 심판 결과는 기각 의견 5명, 인용 의견 4명으로, 접전이었다. 이는 우리나라 역사상 처음으로 현직 검사에 대해 진행된 헌법재판이었다.

> 맺음말

국민 대신 권력을 지키는 칼과 깨어 있는 시민들의 힘

우리 국가사회는 기본적으로 군대, 경찰, 검찰, 판사 등의 폭력을 합리화하는 체계다.[1] 깨어 있는 시민들은 국가의 상위 권력 체계가 시민의 영역에 '조작'이라는 이름으로 심지어 당당하게 들어오는 것을 용납하지 않는다. 민주화란 '민주'라는 개념에 따라 깨어 있는 시민들이 이 국가사회를 이끌어가는 과정이다. 1789년 프랑스 대혁명에서 근대 민주주의 체제가 확립되었다고 볼 때, 검사제도는 왕명을 일방적으로 받들어 귀족에 충성하는 경찰을 견제하고, 시민을 보호하기 위해 도입되었다고 한다.

그런 의미에서 볼 때, 1945년 8월 광복 이후 '정판사 위조지폐 사건'부터 이 책의 마지막 챕터인 '서울특별시 공무원 간첩 조작 사건'까지 이어지는 30개의 대형 공안 조작 사건은, 우리 사회가 80년 동안 북한이라는 정치 결사체에 대항하는 과정에서 반공이라고 하면 거의 모든 행위가 용인

---

[1] 막스 베버, 『막스 베버 소명으로서의 정치』, 박상훈 번역, 폴리테이아.

되었던 결과물이라는 생각이 든다. 왕권에 일방적으로 봉공하는 경찰을 견제하고 시민의 권익을 보호하자는 원래 검사제도의 취지는 사라졌다. 물론 1950년 6·25 전쟁의 예를 굳이 들지 않더라도, 북한이라는 어찌 보면 참으로 고약하고 불쌍한 민족 공동체를 우리 대한민국의 군사독재정권과 정보기관들, 그리고 무엇보다 공안검찰이 어떤 형식으로 간주했는지 살펴보자.

우선 북한은 1980년대까지 경제력이나 산업적으로 우리 대한민국의 라이벌 같은 존재였다. 북한 내부 상황을 일반 시민들은 전혀 몰랐지만, 대통령과 그 주변 권력 결사체는 다 알고 있었다. 따라서 언제 정권을 잃을지 모르는 불안감이 권력을 쥔 이승만과 박정희, 전두환, 노태우 등을 에워싸고 있었다. 그 뒤를 이은 김영삼, 김대중 정권에서는 검찰이 드디어 정치인들로부터 주문을 받는 형태에서 벗어나 자체적으로 공안부서를 운영하며 용공 조작 사건을 일으켰다. 그 권력은 결국 민주 '깨시민'이 선출한 행정부와 입법부를 무시하고, 능가하기에 이르렀다.

형사 사건이 하나 터지면 경찰이 수사하고, 검찰이 이를 바탕으로 기소 여부를 따지며, 법원에서 유무죄와 형량을 정하는 것으로 우리는 알고 있다. 그런데 현실은 전혀 '아니올시다'이다. 이 상식적인 사회의 공식에서 주목할 부분은 검찰 역할의 비상식적 증대다. 검찰이 수사 여부를 결정하고, 검찰이 기소 여부를 결정하며, 검찰이 모든 역량을 동원해서 판사의 판결에 영향을 미친다면, 과연 이 사회가 제대로 굴러가겠는가. 더구나 2,000여 명에 달하는 전국 검찰 조직이 모두 하나라는 동일체의 원칙을 내세우며, 검찰 스스로의 범죄에 대해서는 모두 '제 식구 감싸기'로 버틴다면, 우리 사회는 과연 어디로 흘러갈 것인가? 검찰 공안의 임무는 크게 두 가지다. 하나는 우리 사회의 스파이를 잡는 것이고, 하나는 공직선거사범을 단속하는 것이다. 검찰이 본래 임무에서 벗어나 '입법'의 주체인 국회의원들의 입법행위를 협박하고 단속하거나, 스파이 색출 임무를 '조작으로' 행한다면 우리 사회의 기본은 무너진다.

검찰이 없어지고 기소청으로 바로 서야 언론도 개혁된다. 지금까지 언론은 검찰에서 흘려주는 각종 정보를 그다음 날, 아니 당일에 신문과 방송 주요 기사로 삼아 그대로 내보내왔다. 그러면 재판도 하기 전에 당사자들은 그대로 죄인이 되고, 죄형법정주의 원칙 같은 것은 약에 쓰려고 해도 찾아볼 수 없게 된다. 건국 초기부터 1990년대까지는 중정과 안기부, 대검찰청 대공수사팀이 그러한 언론 분위기 조성에 결정적인 역할을 했다. 수많은 용공 조작 사건에서 이러한 정보기관의 특별예산이 언론 주무르기, 언론 달래기에 쓰였다.

검찰이 없어지고 기소청으로 바로 서야 기업문화도 보다 건전해진다. 2013년 당시 김학의 법무부 차관(전 대검찰청 공안기획관)은 특수강간 혐의로 임명 6일 만에 물러났다. 이는 기업인 윤중천의 성적·물적 로비로 인한 것이었다. 사건은 무려 6년이 지나 문재인 정부에서야 다시 수면 위로 솟구쳤다. 전 국민이 확인한 동영상 속 인물은 분명 김학의였다. 당연히 중죄로 처벌받아야 했지만, 검찰의 제 식구 감싸기 관행으로 인해 결국 천대엽 대법원 판사의 무죄판결을 받았다. 이후 1억 3,000만 원의 형사보상금도 받았다.[2] 그림자 무사(가게무샤)[3]를 내세우고 본인은 태국으로 내빼려 했는데, 정작 사건의 검사와 출입국 관계자가 오히려 처벌을 받는 희한한 광경도 나왔다.[4] 기업의 부당한 로비, 공안검사의 부정부패, 그리고 뒤이은 검찰 전체의 제 식구 감싸기, 그리고 극우 보수 세력의 강력한 김학의 옹호가 맞물린 결과를 보여준 이 사건은, '우리 사회에서 검찰이 없어지지 않고서는 제대로 된 개혁은 꿈도 못 꾼다'는 인식이 확산하는 계기가 되었다.

검찰이 없어지고 기소청으로 바로 서야 대한민국 보수 세력도 바로 선다. 지금 보수 세력을 대표하는 정당은 국민의힘이다. 이 정당은 1990년 노태우 정부의 쿠데타(청명계획) 실패 이후, 3당 합당을 통해 창립되었다. 자유당(이승만)과 민주공화당(박정희), 그리고 민정당(전두환)의 중정과 검찰 공안부서의 명맥을 그대로 이어나가는 이 정당은, 태생이 우리 국민의

---

[2] 「김학의 전 차관 뇌물·성접대 등 혐의 9년 만에 무죄·면소로 마무리」, 『아시아경제』, 2022년 8월 11일.

[3] 구로사와 아키라 감독의 「가게무샤」에서 따온 표현이다. 김학의는 2019년 3월 22일 밤, 자신과 닮은 사람을 카메라 앞에 대신 세워두고 본인은 빠져나가 태국으로 출국하려다 인천공항에서 긴급체포되었다.

[4] 당시 긴급체포를 영장 판사 허가 없이 시행했던 이규원 검사와 출입국관리본부장이었던 차규근(현 조국혁신당 국회의원)이 법적 책임을 물어 처벌을 받았다.

소중한 인권과 목숨을 탄압하는 용공 조작 정당이다. 이번 12·3 내란 사태에서 보았듯이 이들은 틈만 나면 민주주의 국가와 '깨시민'에 대한 반란 행위를 서슴지 않는다.

중정에서 간첩 사건 하나 만드는 것은 '식은 죽 먹기' 같았다는 말이 있다. 사건 하나를 만들어 올리면 검사는 그때부터 권력의 충실한 개처럼 움직였다. 1970년대부터는 검찰의 기능이 훨씬 강화되었다. 자체적인 대공수사 역량이 강화되어 스스로 조작 기능을 수행했다. 그리고 조작의 흔적을 얼른 없애버리기 위해 억울한 피해자를 사형시키는 일도 서슴지 않았다. 서서히 권력의 중앙으로 진출한 그들은 마침내 권력의 정상, 대통령 자리까지 합법적으로 차지했다.

우리나라의 군사독재정권은 1961년부터 시작되어 사실상 1992년까지 이어졌다고 봐야 한다. 박정희에서 전두환을 거쳐 노태우에 이르기까지, 이들은 하나같이 권력을 또다시 빼앗길까 봐 두려워하고, 정보부와 안기부를 두어 늘 주변을 감시하고, 또 국민들을 충실한 개로 기르면서, 한 번씩 말을 안 듣는다 싶으면 그들 사이를 용공 조작 사건으로 철저하게 이간질했다. 억울한 희생양은 계속 만들어졌다. 결국 검찰이 그 희생양들을 80년 동안 계속해서 수사(搜査)하고 기소(起訴)하는 역할을 자임했다. 그 명단에는 이름 없는 조용한 민중뿐 아니라, 몽양 여운형 선생, 이관술 선생, 조봉암 선생, 조용수 선생, 김대중 전 대통령, 김남주 시인 등이 포함되어 희생되었다.

수사하는 과정에서 불법구금과 고문이 자행되었으나 그들은 아랑곳하지 않았다. 기소되어 재판정에 서면, 꿈쩍 않고 극형(사형, 무기징역 등)을 구형(求刑)했다. 실제로 판사들은 억울함을 알고도 웬만하면 검사들의 손을 들어주었다. 결국 '우리 사회 최고 권력은 검찰이다'라고 하기에 이르렀다. 검사들은 행동 원리가 단순했다. 누가, 즉 정치인이 좀 까분다 싶으면, '야, 저 자식 한번 털어보자'고 한다. 그러면 검사 앞에 5,200만의 개인정보가 모두 노출된다. 계좌 내역, 부동산 소유 정보, 월북 여부, 과거 시위 참여 여부, 전과(前過) 유무 등 모든 것을 파악하게 된다.

따라서 현 피의자 윤석열과 그의 처인 피의자 김건희처럼, 아니 김건희의 어머니 피의자 최은순처럼 검사만 잘 알고 있으면 대한민국 최고 권력도 손쉽게 쥘 수 있다고 믿게 되었다. 그리고 그 권력을 붙잡으면 마음대로 부정부패를 저질러도 그 죄업을 짊어지지 않을 수 있다는 거대한 착각 속에 살게 되었다.

2025년 6월 27일 저녁 7시에 부산에서 열린 시국 강연회를 마치고 청중의 질문을 받을 기회가 있었다. 대학생 한 명이 손을 번쩍 들고 물었다. "선생님, 우리 사회가 발전하려면, 제일 먼저 통일이 되어야 하지 않을까요? 지금처럼 적대적인 관계로만 남북 관계를 볼 필요는 없다고 생각하는데요. 통일이 되려면 무엇부터 해야 하나요?" 나는 그 의견에 동의하면서 다음과 같이 말했다. "학생 의견에 동의합니다. 그런데 통일이 되려면 먼저 '검찰부터 폐지하는 것'이 필요하지 않을까요?"

남북문제를 해결하는 데는 검찰이 지난 80년 동안 숱하게 해온 용공 조작 사건의 수사와 기소, 그리고 극형 재판을 통째로 해결하는 것이 포함된다는 점을 강조한 나의 발언이었다. 청중의 박수갈채를 받으며 나는 드디어 검찰청 해체의 그날이 가까이 다가온 느낌을 받았다.

이 책에서는 용공 조작 사건이라고 할 만한 사건 중 진실화해위원회와 그 전신이라고 할 수 있는 의문사진상규명위원회에서 재심 결정이 난 사건, 그리고 그 재심 결정에서 무죄로 뒤집히는 결정이 난 사건, 또 대법원에서 무죄판결이 나온 사건들만을 골랐다. 그래야만 책 내용을 가지고 극우 세력들이 왈가왈부하지 않을 것이기 때문이었다. 이 책에 적힌 내용은 전체 용공 조작 사건 중 극히 일부일 뿐이다. 지금 이 순간에도 과거사 진상규명을 요청하는 사람들이 줄을 서 있다. 그 사람들을 간첩으로 몰아 일신상의 영리, 영달을 꾀한 많은 검사와 수사관에게 그 원한을 어찌 다 갚나 생각 중이다.

'검사열전'이라는 이 책의 제목을 일반적인 의미의 '列傳'이 아닌, '裂戰'으로 바꾸고 싶었다. 검찰 내부의 질서 다툼, 자기네끼리의 의리 전쟁을 의미한다. 또한, 용공 조작 사건으로 피해를 입은 모든 죄 없는 국민들이 겪은 고통이 상상 이상이라는 점도 의미한다. 이러한 전쟁이 지난 문재인 정부와 윤석열 정부 8년 동안 이어져 이재명, 송영길, 조국 등 이른바 큰 정치인들이 억울한 옥고를 치러야 했다. 이 책은 그 용공 검사들의 구체적

명단을 담은 것이다.

　이제 검찰청 검사가 아니라, 기소청 검사로 새롭게 태어나야 한다. 수사는 경찰이, 기소는 기소청 검사가, 판결은 판사가 내리는 상식적인 대한민국이 구현되어야 한다. 검찰이 수사에 더 이상 손을 대지 못하는 대한민국, 그 이상이 실현될 때 선진국이, 또 남북통일이 우리 앞에 성큼 다가와 있을 것이다.

부록_못다 한 이야기

해방 정국
1945년 8월 15일에서
1948년 8월 15일 사이

우리나라는 일제강점기에서 해방된 후, 1919년 4월 11일에 세워진 대한민국 임시정부의 법통을 이어받아 1948년 8월 15일 대한민국의 회복을 국내외에 선언했다. 이는 축하할 일이었지만, 그 승계 권력의 정점에 있었던 존재는 미군정이었다. 미군정 시기에는 용공 조작 사건이 없었을까? 아니었다. 미국 역시도 수많은 용공 조작 사건을 철저히 이용해 당시 서슬 퍼렜던 소련의 공산주의와 전체주의 그리고 당시 막 건국 중이었던 중화인민공화국의 공산주의 및 전체주의와 거리를 두었다. 특히, 한반도 북부에 세워진 김일성 정권과는 철저히 구분되는 민주주의, 자본주의 국가를 건설하겠다는 목표 아래, 박헌영과 여운형을 처단하는 데 모든 화력을 집중했다.

박헌영 세력이 대거 처단된 사건이 '정판사 위조지폐 사건'이고, 여운형 세력은 여운형이 암살당함으로써 사실상 해체되었다. 해방 정국 이후, 누가 좌익이고 누가 우익인지를 구분하는 판단의 기준이 된 것은, 희한하게도 우리에게는 너무나 생소한 이묘묵[1]이라는 사람의 보고서였다. 이 보고서가 미군정의 하지 장군에게 바쳐졌던 장소가 요정 명일관 술자리였다는 게 참으로 개탄스러울 따름이다. 이묘묵은 미국 시러큐스 행정대학원 출신으로, 하지 장군의 통역관이었다. 하지 장군은 한국의 상황을 파악할 때 이묘묵의 보고서와 통역에 의존했다. 그리고 이승만의 영어 실력에 의존했다.

통일 정부 수립을 목표로 한반도 전체에 건국준비위원회 세력을 두고 있던 몽양 여운형 세력은 당연히 이묘묵을 위시한 친일 세력에게는 눈엣가시일 수밖에 없었다. 이묘묵은 미군정청 사령관 하지의 권력을 등에 업고 모종의 사건들을 기획하게 된다. 어차피 대한민국에서 영어에 밝은 사람은 자기를 제외하면 몇 명 안 된다[2]는 단순한 사실이 그의 어깨에 힘이 바짝 들어가게끔 했다.

---

1) 이묘묵(李卯黙, 1902~1957)은 평안남도 중화군에서 태어났다. 일제강점기 연희전문학교 교수 요원이었다. 해방 정국에서 한국민주당 창당에 참여했고, 군정청 사령관 하지의 통역비서를 지냈다. 대표적인 친일파였으며, 대한민국 정부에서 외교관으로 활동했다.

2) 정말 그랬다. 미군정청의 모든 미국인 군인은 한국어, 한국, 인문지리, 한국사를 전혀 몰랐고, 한국에서는 이승만, 김규식, 여운형, 이기붕, 박마리아 등을 제외한 모든 사람이 영어를 전혀 할 줄 몰랐다.

정판사 위조지폐 사건 01

사건명	조선정판사 위폐 사건
사건개요	1946년 5월 15일 미군정이 "'정판사'라는 인쇄소에서 일단의 무리가 조선은행권 위조지폐를 찍어 유통했다"라고 발표한 사건. 이 사건으로 이관술을 포함한 피의자 12명이 송치되었다. 30여 회에 걸친 공판 끝에 전원 징역을 선고받았으며, 이후 형무소로 이감되어 복역했다. 이 중 이관술은 대전형무소로 이감되었다가, 6·25 전쟁 발발 이후 대전형무소 학살 사건으로 인해 학살당했다.
책임자	하지 장군(미국 군정청장) / 조재천(공안검사) / 정재환(공안검사) / 노덕술(수사관)

"역사는 정의가 승리한다는 것을 우리에게 가르치고 있으니 불행히 영어(囹圄)의 이슬이 될지라도 여러분은 안심하기 바라며, 정의는 끝까지 살아 후세에 위폐 인쇄하지 않았다는 사실이 판명될 것을 확신하여주기 바란다."

「정의는 권력 속에 있지 않고 인민의 가슴 속에 있다」, 「독립신보」, 1946년 10월 25일. 정판사 사건을 맡은 김용암 변호인의 최후 변론이 실려 있다

이 사건은, 일제강점기 모든 화폐를 인쇄하는 곳이었던 근택 빌딩을 조선 실업가 박낙종이 인수해 조선정판사 빌딩으로 바꾸고, 조선공산당 당원이었던 은행 직원이 이관술의 지휘하에 10만 원권 위조지폐를 만들다가 야간 순찰 중이던 군정청 수도경찰에 적발된 사건이다.

사건 개요는 그렇다. 사실은? 아니다. 전혀 아니었다. 용공 조작 사건이었다.[1]

---

1) 임성욱, 「미군정기 조선정판사 '위조지폐' 사건 연구」, 한국외국어대학교 국제지역대학원 박사학위 논문, 2015년.

이 사건의 피의자는 송언필, 박낙종, 이관술, 권오직, 신광범 등이었다. 특히 이관술은 이재유 그룹, 경성콤그룹 등을 이끌면서 공산주의 독립운동의 스타로 각광받아온 인물이었다. 또한 그는 동덕여자고등보통학교 선생 출신이기도 했다.

그에 앞서 벌어진 뚝섬 위조지폐 사건에서 위폐 조작에 사용된 징크판이 조선정판사 기술과장 김창선에게서 나왔다는 점에 주목한 미군정은 비밀리에 조선정판사를 압수, 수색할 것을 지시했다. 1946년 5월의 수색 및 검거 당시에는 모든 직원이 공산당원이었으나, 이후 검사가 위폐를 인쇄했다고 주장한 1945년 10월에는 공산당원이 아니었다. **즉, 이 사건은 출발부터가 조작 사건이었다.**

당시 사건의 주임검사였던 조재천은 변호인이 제기한 경찰 노덕술의 잔인한 고문행위에 대해 **"범인을 자백시키기 위해 경찰이 초기에 어느 정도의 고문을 하였다 하더라도 고문행위가 별개의 형사문제가 될 뿐이지 범죄 사실이 없어지는 것은 아니다"**라고 답변했다. 검사가 논고문에서 이렇게 노골적으로 고문 사실을 인정하는 것은 쉽지 않은 일이었다. 본정경찰서는 일제 시대부터 사상범을 전문적으로 취급하는 본거지였다.

고문에 대한 조재천 검사의 변명은 민주화(1987) 이전까지 거의 모든 고문 논란에서 나타났던 태도와 동일한 것이었다. 거기에 더해 조재천은 "경찰 고문을 제일 적게 받은 송언필이 공판정에서 제일 분개하는 것은 우스운 일이다"라고 말했다.

송언필: (일어서며) 분한 말은 일어나서 해야겠다. 5월 7일 검거당한 이래 10일 밤까지 만 4일 동안 밥 한 술 안 먹고 계속적으로 고문당했다. 최난수 수사주임을 비롯해 조성기 형사부장 등 6, 7인의 평안도 사투리 쓰는 사람들이 형언할 수 없는 욕설과 난폭한 고문을 해. 나는 이곳에서 죽어버리자는 결심으로 고문에 대해왔다. (중략) 경찰의 고문은 심하다. 고문한 경관인 최난수, 조성기 등 여러 경관의 행동은 왜놈에게 배운 고문을 더 악질로 행사하는 것이다. 참된 애국자의 코에 물을 부어가며 허구의 죄를 꾸민 이런 자들이야말로 천 번 죽어 모자랄 것이다.[2]

"경찰이 각이 날카로운 나무 몽둥이로 사람들의 정강이를 때리는 것을 보았습니다. 경찰들은 사람 손톱 밑에 뾰족한 나뭇조각을 쑤셔 넣는 짓도 했지요. 내가 기억할 수 없을 만큼 많은 사람이 물고문을 받았어요. 그들은 한 친구의 입에다 고무 튜브로 계속 물을 퍼부어 거의 질식할 지경으로 만들어놓았지요. 또한 경찰들이 쇠몽둥이로 한 사람의 어깨를 갈기고 쇠고리에 매달아놓는 것도 보았어요."[3]

미군정기에 구타와 고문은 미군들이 지켜보는 가운데서도 엄연히 이루어졌으나, 미군들은 '세부적인 행정 사항'에 대해 조선인 경찰의 행동에 일

---

2) 임성욱, 위와 같은 논문.
3) 임성욱, 위와 같은 논문.

「억울을 호소 위조지폐 공판 송언필의 진술」,
『조선일보』, 1946년 9월 10일

절 간섭하지 말라는 명령을 받았다.

그런데 더욱 기가 막힌 사실이 있다. 1946년 5월 18일, 미군 대위의 인솔하에 미 육군 헌병 수백 명이 근택 빌딩(조선정판사 건물)을 포위하여 압수, 수색을 실시했다. 이들은 조선공산당 건물과 그 기관지 『해방일보』까지 샅샅이 수색해 조선공산당 관련 문서를 모조리 가져갔다. 그러나 미군정은 이 사건이 조선공산당과 관련 없는 경제 사건이라고 발표했고, 한국인 경찰의 조작일 경우 엄단하겠다고 말했다.

노덕술, 장택상, 최난수 등 경찰들도 전혀 믿을 수 없었거니와, 더욱 이상한 것은 검사 조재천의 '약한 고문 인정' 발언이었다. 재판의 판사는 양원일이었고 검사는 조재천이었는데, 두 사람 모두 일제강점기 판검사 출신으로 친일과 반공 성향이 강했다. 피의자들은 모두 조선공산당 출신이었으며 독립운동가였다. 당연히 재판의 공정성이 의심되었고, 기피신청이 있었으나 당연히(?) 반려되었다. 용공 조작 사건의 특성상 결정적인 증거를 만들어내기 위한 강압적인 고문이 이루어졌다. 이관술과 송언필이 1945년 8월에서 10월 사이에 북한 공산당과의 협조를 위해 서울을 떠나 북으로 갔다는 주장이 사건 성립의 결정적인 증거였다. 그런데 실제 증거는 없었다. 왜냐하면 이 사건은 처음부터 조작 사건이었으니까. 게다가 아무도 강압적인 고문에 굴복하지 않았다.

이 증거를 찾아내지는 못해서 모두 징역형을 선고받고 대전형무소로 송치되었다. 6·25 전쟁이 터지자 이들이 제일 먼저 대전 골령골 보도연맹 학살 사건의 희생자가 되었다. 이묘묵에 의해 조작당하고 노덕술에게 고문당하고 검사 조재천에 의해 기소되어 재판을 받았다. 그리고 다시 검사 정재환에 의해 학살당했다.

6·25 전쟁 당시 대전형무소에 수감되어 있던 보도연맹원, 정치범 등은 무차별적으로 학살당했다

한편 피의자 중 이관술은 대전형무소에서도 남은 재산을 기부해 초등학교 설립에 보탰다. 일반인의 관점에서는 상상하기 어려운 일이었다.

몽양 여운형 암살 사건 02

사건명	여운형 암살 사건
사건개요	1947년 7월 19일, 여운형이 서울 혜화동 로터리에서 한지근 등의 인물에 의해 암살당한 사건. 이전까지 좌우합작운동을 이어가며 11번의 테러에 시달린 여운형은 이날 차 안으로 난입한 괴한에게 총격을 받아 숨졌다. 사건 직후 한지근이 범인으로 발표되었으나, 27년 뒤인 1974년 암살에 가담한 다른 이들이 범행에 참여했음을 고백하면서 재조사되었다. 그러나 배후는 여전히 밝혀지지 않았다.
책임자	조병옥(경무부장) 조재천(공안검사)　노덕술(수사관)

1947년 7월 19일 서울 종로구 혜화동 로터리에서 민족의 지도자이자 꿈속에 본 태양, 몽양(夢陽) 여운형 선생이 한지근이라는 20세 청년에게 권총 네 발의 총격을 받아 죽임을 당하는 사건이 벌어졌다. 당시 각종 SNS 등 통신수단이 지금처럼 발달하지 않았음에도 이 사건은 굉장한 사회적 반향을 불러일으켰다. 저 멀리 함경도에서 제주도까지 수많은 사람이 장례식을 치르기 위해 서울로 달려오는 진풍경이 펼쳐졌고, 체육계 스타였던 역도선수 김성집, 마라톤선수 손기정과 남승룡, 아이스스케이팅선수 이성덕 등이 모두 자발적으로 여운형 선생의 철관을 직접 메겠다고 나섰을 정도로 그의 영향력은 대단했다. 그는 도대체 왜 죽었으며, 그 죽음은 왜 검찰 권력, 수사 권력에 의해 악용되었는가?

그는 좌우익을 아우르는 지도자였다. 김규식 선생과 마찬가지로, 진정한 의미의 정치인이었다. 좌익의 김일성도, 우익의 이승만도, 김구도 모두 어떤 의미에서는 두려워할 수밖에 없는 존재감을 지닌 인물이었다. 실제 가장 양심적인 정치가를 묻는 여론 조사에서 여운형은 33퍼센트의 지지율로 1위를 차지

1947년 8월 3일 치러진 여운형의 발인식과 추모 행렬

암살되기 두 달 전인 1947년 5월 24일 근로인민당 창당식에 참석한 여운형의 모습

했고 이승만은 21퍼센트로 2위[1]에 그쳤기에 미군정과 극우 세력은 긴장감을 느낄 수밖에 없었다. 앞서 언급한 미군정청 하지 장군의 통역장교 이묘묵에게 여운형은 반드시 제거해야 할 인물이었다. 그를 죽이기 위한 시도만 열두 차례에 이르렀다.

그의 죽음 소식을 듣고 경찰이 제일 먼저 한 일은 현장에서 살해범을 쫓기보다 여운형의 경호비서들을 모두 체포한 것이었다. 달아나는 살해범을 놓치고 현장에서 비서들을 체포하다니, 이해가 되지 않는 조치였다. 두 번째로, 조병옥, 장택상과 같은 거물 경찰들이 여운형 선생의 빈소를 방문했을 때, 고인의 딸들인 여난구와 여원구가 꽃을 집어 던지면서 "나가라 이놈들, 아버지를 죽인 놈들이 무슨 낯짝으로 여기를 찾아왔는가"라며 박대했다. 이 역시 이해가 되지 않는 일이었다.

여운형 선생의 죽음 이후, 그 수사는 어떻게 되었나? 우선 담당 경찰은 친일 고문경찰의 대명사 노덕술이었다. 그리고 주임검사는 앞서 '정판사 위조지폐 사건'에서 범인의 조사에 있어 약한 고문 정도야 일반적이라는 말도 안 되는 논리를 펼쳤던 조재천이었다. 처음부터 재판이 제대로 치

---

1) 1945년 12월, 잡지 『선구(先驅)』에서 각 정당, 학교, 언론사 등을 대상으로 실시한 여론조사 결과

러질 리 없었다. 심지어 범인 한지근의 변호인 김섭 역시 어디선가 엄청난 액수의 사례금을 받고 나서부터는 변호를 아주 약하게 하기 시작했다. 그리고 한지근은 재판장에서 떳떳이 고개를 쳐들고 망언을 퍼부었다.

"나는 안중근, 이봉창, 윤봉길과 같이 민족적 의거를 한바탕 벌였을 뿐이다. 모두가 민족의 역적을 죽인 그 세 사람은 그토록 존경해 마지않으면서, 똑같이 민족의 역적인 여운형을 죽인 나는 왜 이렇게 미워하는지 모르겠다. '친일은 민족의 숙명이거늘' 나는 당연히 죽여야 할 놈을 죽였을 뿐이다."[2]

한지근은 재판정에서 나이를 속였다. 미성년자라고 했다. 사형을 선고 받았으나 곧 무기징역으로 감형되었고, 결국 소년원으로 송치되는 데 그쳤다(공식 기록에는 본명도 한지근이 아니라 이필형이라고 되어 있으나, 사실 여부는 아직 아무도 모른다). 그리고 때마침 6·25 전쟁이 터지자, 북한군에 의해 북으로 끌려갔다. 그 뒤로 그가 어찌 살았는지, 언제 죽었는지는 아무도 모른다.

그런데 그 뒤에 일어난 1943년 제주 4·3 사건과 1948년 여수·순천 10·19 사건은 모두 여운형 선생이 주도한 건국준비위원회의 해당 지역 위

---

[2] 너무 낯설어하지도 말고, 긴장하지도 말자. 지금 우리가 유튜브 극우 채널에서 매일 접하는 일부 극우 세력의 말과 완전히 똑같다. 그런 의미에서 우리는 78년 전이나 지금이나 똑같이 친일 극우 매국 세력과 한판 전쟁을 벌이고 있다.

원회가 이승만의 남한 단독정부론을 반대하며 통일 정부 수립을 촉구하는 반정부 투쟁이었다.

미군정이 수립하고자 한 자유민주주의 대한민국은 결국 통역정부의 수장 이묘묵이 주기적으로 명월관에서 하지 장군에게 바친 보고서를 근거로 한반도 정치 세력을 좌(공산주의, 전체주의)와 우(민주주의, 자본주의)로 나누어 좌파 세력을 모조리 소탕할 것을 결심하고, 이를 그대로 실행한 것에 지나지 않는다.

여운형은 결단코 우익이었다. 좌익과 친하게 지내며 통합 한반도 정권을 세우겠다고 결심했던 것이 어떻게 그가 좌익이라는 증거가 되겠는가? 그의 억울한 죽음, 억울한 사후(死後) 조사 등은 결국 제주와 여수·순천에서 일어난 그 피비린내 나는 학살극, 더 나아가서는 6·25 전쟁이라는 동족상잔의 아픔으로 이어져, 한국을 철저한 극우 보수 국가로 만들어버렸다. 그 선봉장에 극우 공안검사 조재천이 있었다.

사진 제공

70, 77, 172, 180 경향신문
36, 102, 175 국가기록원
127 노무현재단
106, 108, 131, 175, 185 문화체육관광부
143 민주언론시민연합
105 민주화추진협의회
21 연합뉴스
38 한국학중앙연구원

검사열전
지은이 | 배기성

초판 1쇄 발행일 2025년 10월 24일

발행인 | 한상준
편집 | 김민정·손지원·최정휴·김영범
마케팅 | 이상민·주영상
관리 | 양은진
디자인 | 양시호·김경희

발행처 | 비아북(ViaBook Publisher)
출판등록 | 제313-2007-218호(2007년 11월 2일)
주소 | 서울시 마포구 토정로 222 한국출판콘텐츠센터 211호
전화 | 02-334-6123 전자우편 | crm@viabook.kr 홈페이지 | viabook.kr

ⓒ배기성, 2025
ISBN 979-11-94348-39-9 03910

- 이 책은 저작권법에 따라 보호받는 저작물이므로 무단 전재와 복제를 금합니다.
- 이 책의 전부 혹은 일부를 이용하려면 저작권자와 비아북의 동의를 받아야 합니다.
- 잘못된 책은 구입처에서 바꿔드립니다.
- 본문에 사용된 종이는 한국건설생활환경시험연구원에서 인증받은, 인체에 해가 되지 않는 무형광 종이입니다. 동일 두께 대비 가벼워 편안한 독서 환경을 제공합니다.